Harmonica Masterpiece Series vol.06

Children's Songs Repertoire

하모니카 명곡집 ⑥

동요 편

KB188302

그래서, 음악

머리말

　어떤 위대한 사람이 말하기를 "음악을 이해하고 알려고 노력하지 않는 사람은 모반과 모략 그리고 약탈을 일삼을 수 있는 인간이다."라고 말했습니다.

　음악을 생활화할 수 있고 음악으로 기쁨을 얻는 삶을 살 수 있기를 바라면서 이 책을 낼 수 있도록 항상 배려를 해 준 제 남편과 음악 작업을 도와준 나의 큰아들, 그리고 새 노트북을 사 준 제 막내아들에게 감사를 드립니다.

　특별히 동시 작가인 장극조 님께서 작사하신 〈같이 갑니다〉 곡을 보내주셔서 동요편에 함께 수록했습니다. 또 그래서음악 출판사 사장님께서 쾌히 승낙해 주심에 감사드립니다.

　이 책이 하모니카를 사랑하는 모든 사람들에게 유익한 책이 되었으면 하는 바람입니다.

정옥선

저자 약력

경희대학교 교육대학원 수료
코리아 하모니카 앙상블 코드 주자
KBS 아침마당 출연
SBS 스타킹 출연
북경 아시아태평양 국제 하모니카 페스티벌 심사위원
제주 국제 하모니카 페스티벌 심사위원
효 신문사 주최 실버 하모니카 대회 심사위원
일본, 중국, 대만, 싱가포르, 말레이시아, 홍콩 등 아시아 국가와 미국,
유럽 국가 중 독일, 프랑스, 이탈리아, 스위스, 오스트리아 외 인도, 네팔 등
세계 여러 나라 순회 연주
현) 한국하모니카연맹 강북 지부장

저서

〈하모니카 명곡집 시리즈, ① 클래식 편 ② 가요편 ③ 팝송편 ④ 영화음악편 ⑤ 가곡편 ⑥ 동요편 ⑦ 민요편 ⑧ 종합편 , 그래서음악〉, 〈301 하모니카 명곡집, 스코어〉

목차

하모니카 건강 증진 세계 선언문

하모니카는 남녀노소, 모든 사람들의 건강 증진에 매우 유익하다는 사실이 전 세계에 알려진지가 꽤나 오래되었습니다. 하모니카는 호흡 건강은 물론 육체적, 감성적, 정신적, 사회·문화적 및 영적 건강에도 도움이 되는 악기입니다. 세계 많은 하모니카 애호가들의 오랜 개인적 체험과 경험이 지지하듯이 하모니카는 건강 증진과 질병 예방, 질병 치료에도 효과가 있다고 믿고 실제로 도처에서 하모니카의 과학적 연구가 진행되고 있습니다.

최근 미국에서는 호흡기 환자에게 쓰는 통상적 치료방법의 보조기구로 하모니카 치료법을 사용하는 병원들이 점차 늘고 있습니다. 하모니카는 단순히 부는 악기가 아니라 숨을 들이쉬어 소리 나게 하는 특별한 악기로서 미국 도처에 있는 심폐 기능 회복촉진센터에서 사용하는 일반적 호흡촉진 의료기구와 유사한 효과가 있다고 믿습니다.

또한, 미국 미조리주 세인트루이스에서 개최된 미국음악치료연맹(AMTA) 2008년 년차 총회에서도 하모니카가 건강 증진과 치료 효과가 있다는 '하모니카 음악치료법'이 보고되었습니다. 하모니카는 만성호흡증, 수면 무호흡증, 불안신경증, 우울증, 스트레스 및 심장 또는 폐 기능에 문제가 있는 사람들에게 도움이 되며, 우리 몸의 면역 체계를 강화시켜 삶의 질적 향상과 생동력과 생산성 고조에도 도움이 된다고 합니다.

하모니카는 작고 간단하여 휴대하기 간편한 악기입니다. 보기에는 비록 작지만 소리가 아름다운 음악을 연주할 수 있는 음악성이 높은 악기로 우리의 건강 증진과 함께 삶의 재미와 기쁨을 더해 줍니다. 따라서 연령과 남녀노소와 건강 상태를 초월해서 세계 모든 만민들의 인기와 사랑을 받는 악기입니다.

따라서, "하모니카는 우리의 건강과 희망과 행복과 세계 평화가 함께 어우러지게 하는 악기로 칭송받고 있습니다." 이 선언문은 미국 하모니카 연맹(SPAH) 건강증진위원회, Harmonics and Health Committee(HHC)의 위원장이 초안하고 세계 하모니카 연주자들이 서명하였고 저명한 훈련 지도자 및 유수한 의료인들이 지지하고 서명한 것으로, 2009년 8월 11일부터 15일까지 북가주 새크라멘토 시에서 개최된 연맹 창립 46주년 기념총회에서 발표되었습니다.

이상의 하모니카 건강 증진 세계 선언문을 이 책의 서문으로 사용하고자 합니다. 많은 사람들의 하모니카 사랑을 기대해 봅니다.

하모니카 이야기

하모니카는 기원전 3,000년경에 만들어진 것으로 전해지고 있습니다. 중국에서 리드 (Reed)를 가진 쉥 (Sheng)이라는 악기가 만들어졌으며, 이 악기의 원리에 의해 16 세기 초에는 지금의 하모니카와 비슷한 악 기가 만들어진 것으로 되어 있습니다. 18세기 초에 와서 개량되어져 1821년에 '크리스천 부슈만(Christian Bushman)'이라는 16세 소년이 지금의 하모니카와 비슷한 악기를 만들었는데 이 악기는 '아우라(Aura)'라 고 불렸고 메탈 리드(Metal Reed)를 사용했고 크기는 10cm 정도였으며 15음계로 멜로디를 연주할 수 있었 다고 합니다.

1827년경 현재 호너(HONNER)사가 있는 독일의 작은 도시 트로싱겐에서 지금 하모니카와 비슷한 '마 우스-하프(Mouse-Harp)'라는 악기가 만들어졌고, 1857년 호너사의 창시자인 '마티아스 호너(Mattias Honna)'가 하모니카를 생산하기 시작해 1986년에는 10억 개째 하모니카가 출시되었고 지금은 여러 나라 에서 하모니카가 생산 판매되고 있습니다.

우리나라에는 1920년경부터 소개되고 '평양 YMCA 하모니카 밴드', '쎈니 하모니카 5중주단', '고려 하 모니카 합주단' 등이 활동하였고 한국전쟁 이후 우용순, 최영진, 이덕남, 이혜봉, 선생님 등의 공헌으로 발 전하였습니다. 지금은 하모니카 단체도 많고 강사진도 많아서 하모니카 동호인들도 활동이 많고 저변확대 및 발전에 노력을 많이 하고 있습니다.

국제 행사로는 '아시아 태평양 페스티벌'이 격년으로 열리고 있고 '세계 하모니카 페스티벌'은 매년 열리 고 있습니다. 우리나라는 2000년에 제3회 아시아 태평양 대회를 개최한 바가 있고 매 대회 때마다 우수한 성적을 내고 있습니다.

하모니카의 종류

• 트레몰로(복음) 하모니카

하모니카는 위아래 두 개의 구멍으로 한 음을 소리 내는 특징이 있으며 소리의 떨림 효과를 낼 수 있는 악기입니다. 주로 중국, 일본, 한국 등 아시아에서 많이 사용하는 하모니카입니다.

• 미니 하모니카

하모니카 중 가장 작은 것으로 되어있고 4구멍으로 되어있으며 1구멍에 2개의 음을 내기 때문에 8음, 즉 1옥타브 연주를 할 수 있습니다. 목걸이와 같은 장식용으로 쓰이기도 합니다.

• 다이아토닉(Diatonic) 하모니카

10구멍으로 되어있으며 주로 통기타 가수나 보컬을 하는 사람들이 많이 사용하며 서양에서는 블루스, 컨트리, 록 같은 현대 음악이나 재즈 음악을 연주하는 악기로 사용되고 있습니다. 장음계, 단음계의 각 조성별로 24종류의 악기가 있습니다.

• 크로매틱(Chromatic) 하모니카

다른 하모니카와는 달리 ♯(샤프)나 ♭(플랫)을 자유롭게 연주할 수 있도록 옆에 버튼이 붙어 있습니다. 12구멍과 16구멍짜리가 있으며 주로 독주나 클래식 연주에 주로 사용됩니다. 유럽 쪽에서 선호하는 악기입니다.

• 코드(Chord) 하모니카

중주나 합주 등을 연주할 때 멜로디를 도와 화음만을 연주하는 하모니카로 베이스가 붙어 있는 하모니카와 화음만 낼 수 있는 **두** 종류가 있습니다. 드럼 역할도 하며 메이저, 마이너, 세븐스, 디미니쉬, 어그먼트 등 43종의 화음을 낼 수 있습니다.

• 옥타브(Octave) 하모니카

복음 하모니카의 종류로 복음 하모니카는 윗구멍과 아래 구멍이 같은 음으로 되어 있지만 옥타브 하모니카는 윗구멍과 아래 구멍이 한 옥타브 차이로 되어 있습니다.

• 베이스(Bass) 하모니카

저음을 내기 때문에 합주를 할 때 사용되며 브라스밴드의 수자폰이나 오케스트라의 콘트라베이스와 같은 역할을 합니다. 마시는 음이 없이 부는 음으로 구성되어 있습니다.

• 파이프 하모니카

오케스트라의 호른과 같은 소리를 낸다고 해서 호른 하모니카라고도 합니다. 소프라노, 알토, 두 종류로 구분되어 지고 타원형의 파이프로 감싸여 있어 소리가 양옆으로 나오며 아름답고 부드러운 소리가 납니다.

• 글리산도(Glissando) 하모니카

음의 배열이 복음이 아닌 단음, 반음으로 되어 있기 때문에 합주할 때 꾸밈 역할을 해서 묘미를 줍니다.

• 회전식 하모니카

복음 하모니카 6개 장조(A, B, C, D, F, G)를 하나로 묶어 놓은 것으로 곡의 필요에 따라 악기를 선택해서 연주할 수 있게 되며 보기 드문 악기이므로 연주 때 시선이 집중됩니다.

이 밖에도 150여 종류로 다양한 모양의 악기가 있습니다. 앞으로 쓰임새나 소리, 모양 등이 더욱 발전할 것입니다.

하모니카 연주 자세와 호흡법

1. 하모니카 양 끝부분에 엄지 첫마디를 악기와 대각선이 되도록 가볍게 올려놓습니다.

2. 검지의 한마디 반 정도를 위쪽 커버에 얹은 후 중지 두 번째 마디까지를 하모니카 뒤쪽에 받쳐주면 됩니다.

3. 악기는 저음이 왼쪽, 고음이 오른쪽이 되도록 합니다.

4. 악기의 위치는 수평보다 약 10도 아래로 향하게 하여 연주합니다.

5. 허리는 구부리지 않고 똑바로 폅니다.

6. 얼굴은 항상 정면을 향하고 하모니카를 밀거나 당겨서 소리를 냅니다. 입술이 악기를 따라가면 안됩니다.

7. 어깨는 위로 올라가지 않게 합니다.

8. 양쪽 팔꿈치는 옆구리에 닿지 않도록 달걀 하나 정도 차이로 벌려 줍니다.

9. 호흡은 복식호흡을 하여 아랫배의 힘을 유지하도록 합니다.

하모니카 부는 방법

• 텅잉(Tonguing)

짧은 박자의 동일한 음을 연속적으로 연주할 때에 횡격막과 목구멍을 통한 바람의 세기와 길이를 제어하는 방식으로는 빠른 연주(속주)에 대처하기가 어렵습니다. 이런 경우 혀를 사용하는 Articulation의 한 방법인 텅잉에 의해 음을 내는 강도와 길이를 조절할 수 있습니다. 혀를 입천장에 붙였다 떼었다 하는 방식으로 '토-토'나 '타-타' 같은 소리를 내는 느낌으로 바람의 흐름을 끊거나 열어주면 됩니다. 약간 부드러운 표현은 '다-다' 또는 '도-도'와 같은 발음을 하는 느낌으로 하면 됩니다.

> * 싱글 텅잉(Single Tonguing) – 타, 타, 타, 타
>
> * 더블 텅잉(Double Tonguing) – 타다, 타다
>
> * 트리플 텅잉(Triple Tonguing) – 타다다
>
> * 혀가 입천장에 닿지 않고 하는 방법 – 가, 가, 하, 하
>
> * 텅잉에 의해 혀를 사용하는 방법 즉 혀가 입천장에 닿는 느낌으로 하는 방법 – 토-토-토, 도-도-도
>
> * 아주 빠른 곡은 혀를 굴리는 느낌으로 – 다라라, 다라라

• 퍼커(Pucker) 주법

입술 모양을 '오' 또는 '우' 모양으로 만들어 휘파람을 불 때처럼 입을 오므려서 세 칸 정도 물고 불면 양쪽은 마시는 음이기 때문에 부는 음 '도' 소리가 납니다.

> * 주의: 얼굴은 움직이지 말고 하모니카를 움직여서 소리를 내야 합니다.

• 텅 블럭(Tongue Block) 주법

혀와 입술을 모두 사용하며 입술의 폭을 넓게 하여 하모니카의 여러 구멍을 문 다음 혀를 사용하여 필요하지 않은 구멍을 막아서 필요한 음만을 내는 경우를 말합니다.

텅 블럭 주법을 완전히 익혀야 베이스 주법이나 화음 주법, 분산화음 주법을 할 수가 있습니다.

> * 텅 블럭으로 연주하면서 혀를 박자에 맞게 떼었다 붙이면 3홀 베이스, 5홀 베이스, 옥타브 베이스, 분산화음 베이스가 됩니다.
>
> * 혀로 어느 구멍을 얼마만큼 어떻게 막느냐와 어떻게 얼마만큼 열고 부느냐에 따라서 3홀, 5홀, 7홀, 9홀, 분산화음이 됩니다.

001 가을

외국곡

Andante

가을길

김규환 작사 / 작곡

조금빠르게

3 3 3 3 4 5 6 5 4 3 0 6 i 7 2 i i i 0

3 3 3 3 4 5 6 5 4 3 0 5 5 5 5 6 7
노 랗게노 랗게 물 들었네   빨 갛게빨 갛게

i 7 6 5 0 3 3 3 3 4 5 6 5 4 3 0
물 들었네   파 랗게파 랗게높 은하늘

6 i 7 2 i i i 0 6 i i i 0
가 을길은 고 운길   트랄 랄랄라

6 i i i 0 6 i i i i i 7 6 5 4
트랄 랄랄라   트랄 랄랄랄 라 노 래부르며
                            소 리마추어

3 3 3 3 4 5 6 5 4 3 0 6 i 7 2 i i i 0
산 넘어물 건너 가 는 – 길   가 을길은 비 단길
숲 속의새 들이 반 겨주는   가 을길은 우 리길

003 가을밤

장수철 작사 / 이은렬 작곡

Moderato

5 5 1. 2 3 3 5 1 3 6 6 5 7 2 1. 1 0

mp
3 3 3 5. 4 3 2 1 3 5 1 7 6 5 1 3

어 - 디 서 귀 뚜 라 미 - 울 - 고 있 - 네
나 뭇 잎 이 사 - 르 르 - 떨 - 어 지 - 네

2. 5 2 1 7 6 5 3 3 5. 4 3 2 1.

요 - - - - 창 밖 을 내 다 보 면
요 - - - - 혼 자 서 오 솔 길 을

mf
1 7 6 5 7 2 1. 1 0 2 2 ♯1 2 5 4

별 - 꽃 이 - 피 고 - - 서 늘 한 가 을 밤
걷 - 고 만 - 싶 은 - - 고 요 한 가 을 밤

3. 3. 2 ♯1 2 3 ♯4 5. 6 5 4 3 2 1 7 1 2

은 - - 고 요 만 - 한 데
은 - - 깊 어 가 - 는 데

mp
3 3 3 5. 4 3 2 1. 1 7 6 5 7 2 1 3 5 1 0

어 - 디 서 귀 뚜 라 미 울 - 고 있 - 네 요
나 뭇 잎 이 사 - 르 르 떨 - 어 지 - 네 요 -

004 가을밤

이태선 작사 / 박태준 작곡

Andante

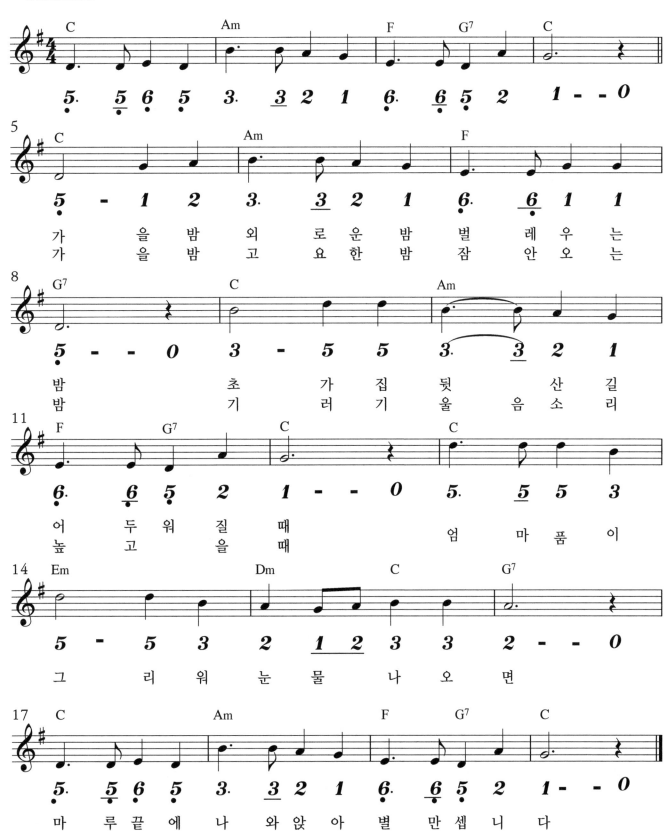

005 같이 갑니다

장극조 작사 / 고윤자 작곡

006 거문도 뱃노래

전라도 민요

굿거리

가사:

어 야 - 디 - 야 아 어 야 디 - 야 어 기 여 - 차 - 어 서 - 사 세

어 야 - 디 - 야 가 자 가 자 어 - 서 가 자 어 야 - 디 - 야

어 장 - 터 - 호 - 어 서 - 가 세 어 야 - 디 - 야

어 기 여 차 뒤 - 여 라 어 기 여 차 뒤 - 여

007 겨울 나무

이원수 작사 / 정제문 작곡

Moderato

나 무 야 나 무 야 겨 울 나 무 야 -

눈 - 쌓 인 산 길 에 외 로 이 - 서 서 -

아 - 무 도 지 않 는 추 운 겨 울 에 - -

바 람 따 라 휘 파 람 만 불 - 고 있 - 느 냐 -

008 겨울바람

백순진 작사 / 작곡

겨울밤

박경종 작사 / 외국곡

Moderato

5	5	5	6	5	4	3	3	3	0
부	엉	부	엉	새	가	우	는	밤	

4	4	4	5	4	3	2	2	2	0
부	엉	춥	다	고	서	우	는	데	

1	2	3	4	5	5	5	6	5	0
우	리	들	은	할	머	니	곁	에	

i	5	5	6	5	4	3	4	5	0
모	두	옹	기	종	기	앉	아	서	

i	5	5	6	5	4	3	2	1	0
옛	날	이	야	기	를	듣	지	요	

010 고기잡이

윤극영 작곡

씩 씩 하 게

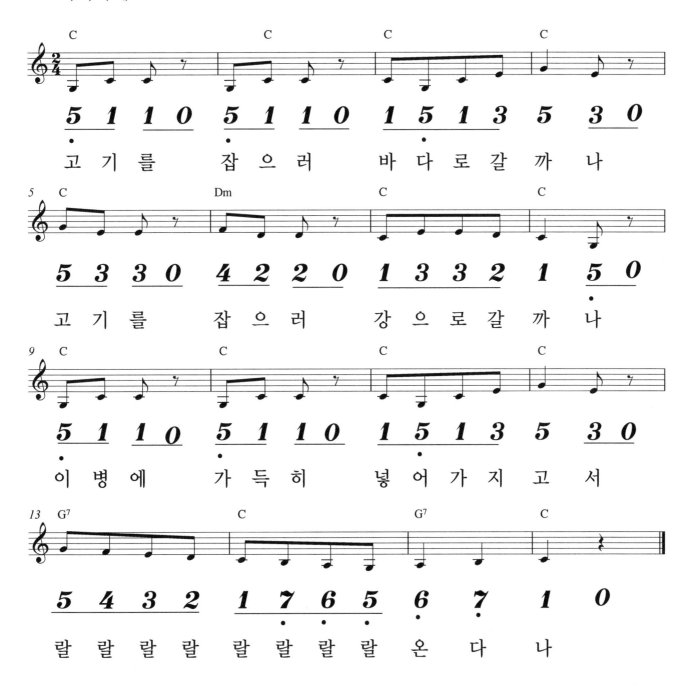

고 기 를 잡 으 러 바 다 로 갈 까 나

고 기 를 잡 으 러 강 으 로 갈 까 나

이 병 에 가 득 히 넣 어 가 지 고 서

랄 랄 랄 랄 랄 랄 랄 랄 온 다 나

고향

이원수 작사 / 정세문 작곡

Moderato

고향땅

윤석중 작사 / 한용희 작곡

Moderato

5 - 1 - 3 4 5 6 5 1 3 5 1 1 2 4 3 2 1 5 3 5 1 0

mf

5 3 1. 2 3 4 5 6 5 1 3 5 3 3 5 1 6

고 향 땅 이 여 - 기 - 서 - 얼 마 - 나 되
고 개 넘 어 또 - 고 - 개 - 아 득 - 한 고

5 - 5 1 3 5 6 6 5. 3 1 2 3 6 5 1 3 5

나 - - - 푸 른 하 늘 끝 - 닿 - 은
향 - - - 저 녁 마 다 놀 - 지 - 는

mp

4 3 1 2 2 3 1 5 3 5 1 0 2. 3 4 3 2

저 기 가 거 긴 - 가 - - - 아 카 시 아
저 기 가 거 긴 - 가 - - - 날 저 무 - 는

3 1 6 5 1 3 5 6 6 7 1 7 6 7 - 0 5 6 7

흰 - 꽃 이 - 바 람 에 날 리 - 니
논 - 길 로 - 휘 파 람 불 면 - 서

mf *p*

1. 1 5 3 6 6 5 1 3 5 6 7 1 3 2 2 1 5 3 5 1 0

고 향 에 도 지 금 쯤 - 뻐 - 꾹 새 울 겠 네
아 이 들 도 지 금 쯤 - 소 - 몰 고 오 겠 네

013 고향의 봄

이원수 작사 / 홍난파 작곡

Moderato

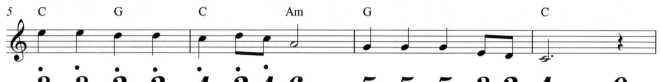

```
C              F      C              G7
5  5  3 4 5  6  6  5 - 5  1  3  2 1  2 - - 0
나  의  살- 던 고  향  은   꽃 피 는 산 - 골
```

```
C        G        C        Am    G              C
3  3  2  2  1  2 1 6 - 5  5  5  3 2  1 - - 0
복 숭 아 꽃 살 구- 꽃  아 기 진 달 - 래
```

```
Dm        C        Dm        C        Am    C      G7
2  2  3  1  2 - 3  5  6  1  3  2 1  2 - - 0
울 긋 불 긋 꽃  대 궐 차 리 인 동 - 네
```

```
C        Dm        Am        F        G7            C
3  3  2  2  1  2 1 6  6  5  5  5  3 2  1 - - 0
그 속 에 서 놀 던- 때 가 그 립 습 니 - 다
```

014 과꽃

어효선 작사 / 권길상 작곡

보통빠르게

올 해도 과 - 꽃이 피 - 었습 니 다 -

꽃밭가득 예 - 쁘게 피 었습 - 니 다 -

누 나 는 과 - 꽃을 좋 아했 - 지 요 -

꽃 이피 면 꽃밭 에서 아 주살 - 았죠 -

과수원 길

박화목 작사 / 김공선 작곡

Allegretto

5 5 1.   1 7 6 5.   5 5 5 5 5 5 1 3 1   2.   2 0
동 구 밖   과 수 원 길   아 카 시 아 꽃 이 활 짝 폈 네 -

3 3 3 5.   3 2 1 6.   5 5 5 5 5 4 3 2   1.   1 0
하 이 얀 꽃   이 - 파 리   눈 송 이 처 럼 날 - 리 네 -

7 1 2.   1 1 2 3.   2 2 2 2 2 #4.   5.   5 0
향 긋 한   꽃 냄 새 가   실 바 람 타 고 솔   솔 -

5 5 1.   1 7 6 5.   5 5 5 5 1 3 1   2.   2 0
둘 이 서   말 이 없 네   얼 굴 마 주 보 며 쌩 긋 -

3 3 3 3 5.   3 2 1 6.   5 5 5 5 4 3 2   1.   1 0
아 카 시 아 꽃   하 얗 게 핀   먼 옛 날 의 과 수 원 길 -

구름

정근 작사 / 이수인 작곡

아름답게

구슬비

권오순 작사 / 안병원 작곡

송알 송알 싸리잎에 은 구 슬

조 롱 조 롱 거 미 줄 에 옥 구 슬

대 롱 대 롱 풀 잎 마 다 총 총

방 긋 웃 는 꽃 잎 마 다 송 송 송

귀뚜라미 노래잔치

어효선 작사 / 이계석 작곡

조금 느리게

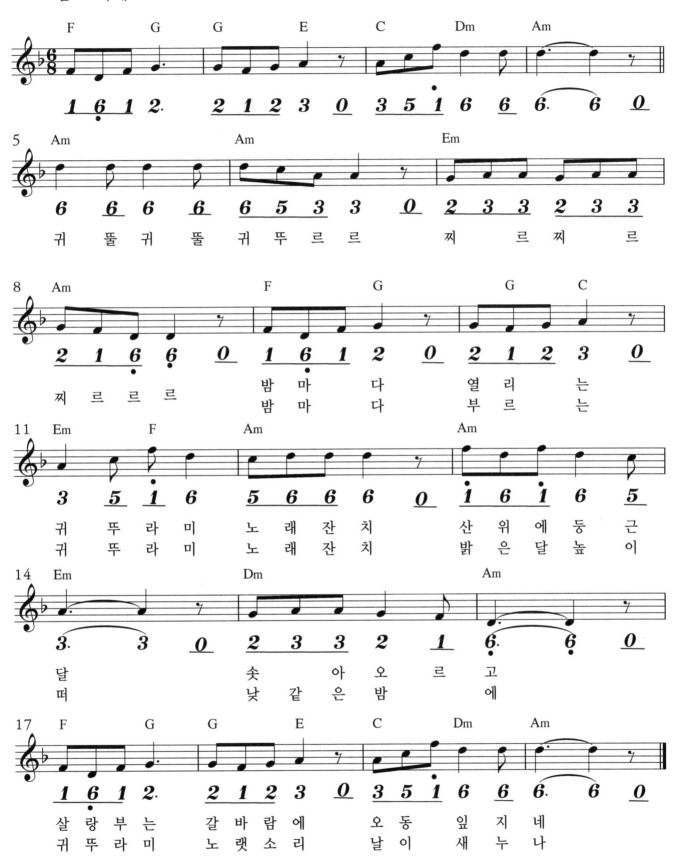

019 귀뚜라미 우는 밤

020 그 옛날에

박경종 작사 / 베일리 작곡

Moderato

1 1 2 3 3 4 5 6 5 3 - 5 4 3 2 - 4 3 2 1 -

옛 날에즐 거 이 지 내던일   나 언제나   그 리워라

1 1 2 3 3 4 5 6 5 3 - 5 4 3 2 3 2 1 - - 0

동 산에올 라 가 함 께놀던   그 옛날의 친 구 들

5 4 3 2 5 5 4 3 2 1 - 5 4 3 2 5 5 4 3 2 1 -

먼 산에진 달 래 곱 게피고   뻐 꾸기한 나 절 울 어대는

13
1 1 2 3 3 4 5 6 5 3 - 5 4 3 2 3 2 1 - - 0

그 리운옛 날 의 그 애기를   다 시들려 주 세 요

그 옛날에(펼친곡)

박경종 작사 / 베일리 작곡

Moderato

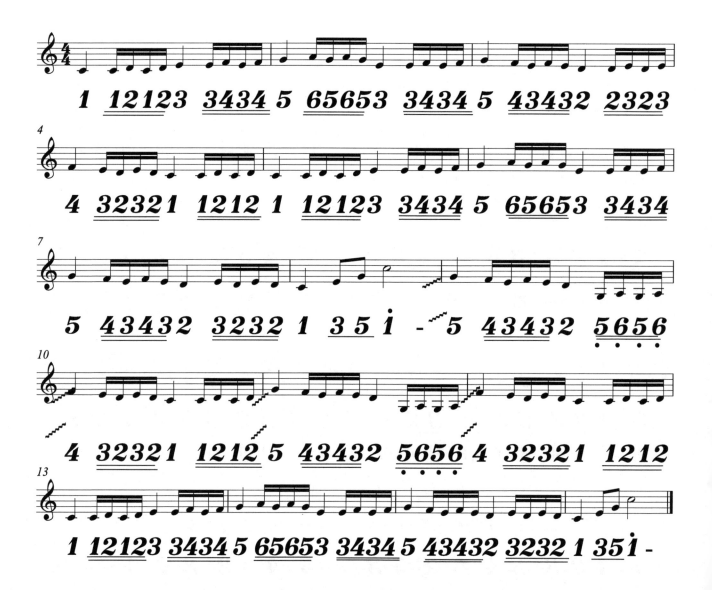

1 12123 3434 5 65653 3434 5 43432 2323

4 32321 1212 1 12123 3434 5 65653 3434

5 43432 3232 1 3 5 i - 5 43432 5656

4 32321 1212 5 43432 5656 4 32321 1212

1 12123 3434 5 65653 3434 5 43432 3232 1 3 5 i -

금강산

강소천 작사 / 나운영 작곡

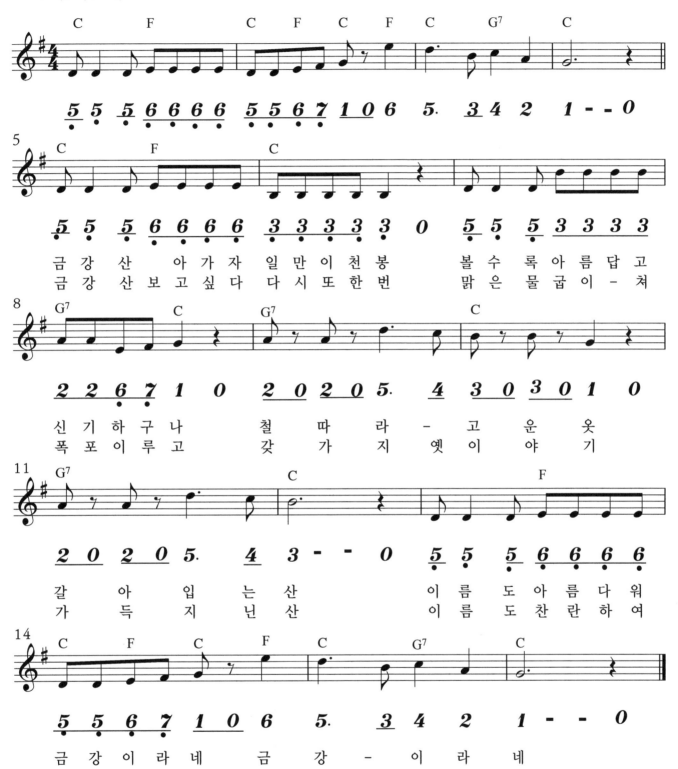

조금빠르게

금 강 산 아 가 자 일 만 이 천 봉 볼 수 록 아 름 답 고
금 강 산 보 고 싶 다 다 시 또 한 번 맑 은 물 굽 이 - 쳐

신 기 하 구 나 철 따 라 - 고 운 옷
폭 포 이 루 고 갖 가 지 옛 이 야 기

갈 아 입 는 산 이 름 도 아 름 다 워
가 득 지 닌 산 이 름 도 찬 란 하 여

금 강 이 라 네 금 강 - 이 라 네

기러기

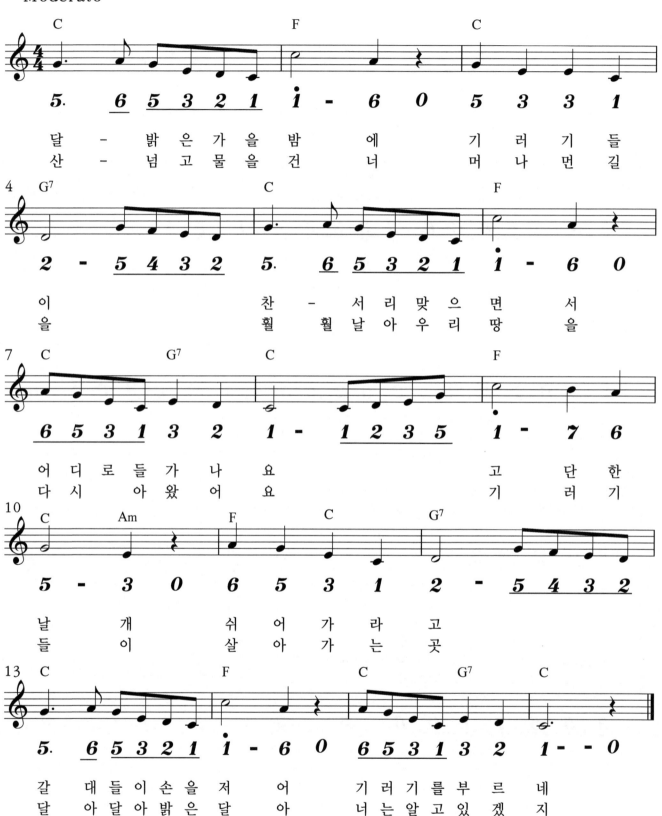

포스트 작곡 / 윤석중 작사

Moderato

달 - 밝은 가을 밤 에   기 러 기 들
산 - 넘고 물을 건 너   머 나 먼 길

이   찬 - 서 리 맞 으 면   서
을   훨 훨 날 아 우 리 땅   을

어 디 로 들 가 나 요   고   단   한
다 시 아 왔 어 요   기   러   기

날   개   쉬   어   가   라   고
들   이   살   아   가   는   곳

갈 대 들 이 손 을 저 어   기 러 기 를 부 르 네
달 아 달 아 밝 은 달 아   너 는 알 고 있 겠 지

기차를 타고

김옥순 작사 / 김태호 작곡

꼬까신

최계락 작사 / 손대업 작곡

동심으로 돌아가서

5 5 3 5   6   5 4 3 2 3   -
개 나 리 노 란 꽃 그 늘 아 래

2 2 2 2   2 3 4 6   5 4 3 2 1   -
가 지 런 히 놓 여 있 는 꼬 까 신 하 나

1 1 5 6 1 6   5 5 3 5 6 5
아 기 는 살 - 짝 신 벗 어 놓 - 고

6 6 5 6 1 5 3 4 3 2 5 3   -
맨 발 로 한 들 한 들 나 들 이 갔 나

2 2 2 2   2 3 4 6   5 4 3 2 1   -
가 지 런 히 놓 여 있 는 꼬 까 신 하 나

026

꽃동네 새동네

강소천 작사 / 이계석 작곡

Moderato

나뭇잎 배

박홍근 작사 / 윤용하 작곡

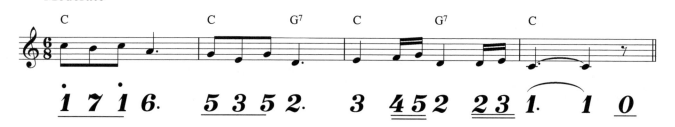

40

나비노래

원치호 작사 / 권길상 작곡

Moderato

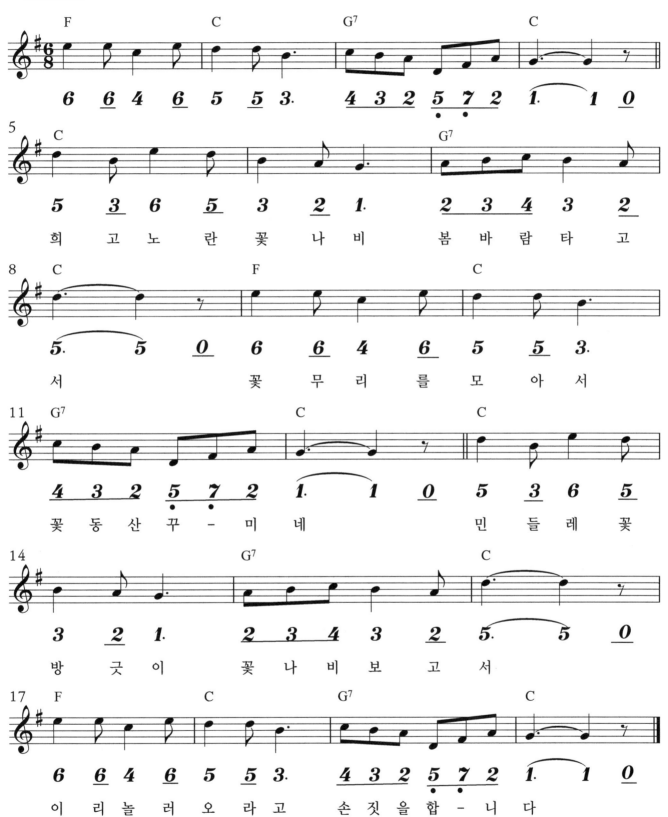

난 산이좋아

미국 민요

030 낮에나온 반달

윤석중 작사 / 홍난파 작곡

031

내 고향으로 날 보내주

J. 블랜드 작곡

그리움을 담고

3 3 4 3. 2 1. 6 5 1. 5 1 2 3 3 4 3 2. 1 7 1 2 -
내고 향으 로날 보내주 오 곡 백화가만발 하 게피었고

3 4. 3 3 2 1 2 1. 6 5 1. 5 1 2 3 4 3 3 2 1 7 1 -
종 달새높 이떠 지 저 귀는곳 이 늙 은흑 인의고향이 로다

2 2. 3 4 5 4 3 3. 4 5 3. 5 4. 3 3 2. 1 1 1 7 1 2 -
내 상전위 하여 땀 흘 려가며 그 누 런곡 식을거둬들였네

3 4. 3 3 2 1 2 1. 6 5 1. 5 1 2 3 3 4 3 3. 2 1 7 1 -
내 어릴때 놀던 내 고 향보다 더 정 다운곳세 - 상 에없도다

44

032 내동생

조운파 작사 / 최종혁 작곡

노래는 즐겁다

안병원 작사 / 독일 민요

Moderato

노래 는 즐겁구 나 - 산 넘어길 　 나 무들이 울 -

창 한 이산 에 　 노래 는 즐겁구 나 - 산 넘어길 -

나 무들이 울 - 창 한 이산 에 　 가고 갈 수 록 산

새 들이 즐 거 이 노래 - 해 　 햇빛 은 나 무잎 새로

반 짝 이며 우 리들의 노 - 래 는 즐 겁 다

노래하자 춤추자

강소천 작사 / 이계석 작곡

Moderato

노을

이동진 작사 / 안호철 작곡

Moderato

누가 아느냐

노스종 작사 / 보헤미아 민요

Moderato

037 눈

작자 미상

50

038 눈 오는 아침

홍은순 작사 / 이은렬 작곡

단풍잎

김지평 작사 / 정세문 작곡

Moderato

우 리 는 이 제 겨 - 우 한 살 인 데
우 리 는 한 살 짜 - 리 벗 들 인 데

요 바 람 따 라 먼 데 로
요 이 젠 모 두 손 놓 고

가 야 한 데 요 어 제 그 - 제
헤 어 진 데 요 남 은 날 - 이

밤 사 이 찬 서 리 속 에
아 쉬 워 얼 굴 부 비 며

모 여 앉 아 울 다 가 붉 어 졌 어 요
남 모 르 게 울 다 가 붉 어 졌 어 요

040 달

권길상 작곡

아름답게

달 달 무슨 달 쟁 반 같 이 둥 근 달
달 달 무슨 달 거 울 같 은 보 름 달

어 디 어 디 비 추 나 남 산 위 에 떴 지
어 디 어 디 비 추 나 우 리 얼 굴 비 추 지

달 달 무 슨 달 낮 과 같 이 밝 은 달

어 디 어 디 비 추 나 우 리 동 네 비 추 지

53

041 당나귀 타고(퀘벡지방 민요)

경쾌하게

1.	2	3	3	4	2	3	3	2	2	1
어	디	가	니	너	희	들	나	무	싣	고
Where	you	ev	er	in	Que	bec	stow	ing	tim	ber

3	2	2	1	1	2	3	3	3	4	2	3
마	차	로	왕	관	을	쓴	채	로	뽐	내	며
on	the	desk	Where	theres	a	King	with	a	gold	en	crown

3	2	2	5	5	1	1	6	5.	5
당	나	귀	타	고	가	네	자	가	자
Rid	ing	on	a	don	key	Hey!	ho!	a	

4	5	3	3	2	2	1	3	2	2	1
앞	으	로	흔	들	흔	들	나	아	가	자
way	we	go	Don	key	rid	ing	don	key	rid	ing

6	5.	5	4	5	3	3	2	2	5	5	1	1
자!	가	자	저	멀	리	당	나	귀	타	고	가	자
Hey!	ho!	a	way	we	go	Rid	ing	on	a	don	key

도깨비 나라

작사 미상 / 박태준 작곡

Moderato

13 5 6 5 3 2 1 3. 5 6 5 6 5 3 2 1 -

1 3 5 6 5 3 2 1 3 5 1 6
이 상 하 고 아 름 다 운 도 깨 비 나

5 - - 0 1 2 1 6 5 6 5 3
라 방 망 이 를 두 드 리 면

2 6 5 3 2 1 - - 0 3. 5 6 5 6 5
무 엇 이 될 까 금 나 와 라 와 라

3 5 5 - 3. 5 6 5 6 5 3 2 1 -
뚝 딱 은 나 와 라 와 라 뚝 딱

도레미송

전석화 작사 / R.로저스 작곡

동무들아

윤석중 작사 / 외국곡

Moderato

045 둥근 달

윤석중 작사 / 권길상 작곡

둥글게 둥글게

정근 작사 / 작곡

들로 산으로

외국곡

Moderato

3 5 4 3 2 1 2 3 4 5 6 7 i - 0

mp
3 5 4 3 2 1 2 - 2 3 - -
꽃 놀 이 래 달 놀 이 래 봄 놀 이 래
꽃 노 래 달 노 래 봄 노 래

3 5 4 3 2 1 2 - 2 1 - -
봄 놀 이 래 들 놀 이 래 산 놀 이 래
봄 노 래 새 노 래 내 노 래

mf
5 - 3 5 - 3 1 7 6 5 - 3
엄 마 아 빠 손 목 을 잡 고
목 청 높 여 노 래 를 하 며

1 7 6 5 4 3 2 1 7 1 - 0
들 이 나 산 으 로 놀 러 가 자
들 이 나 산 에 서 놀 다 오 자

Var
mp
3 1 5 5 1 5 4 1 5 3 1 5 2 7 5 1 1 5 2 4 5 2 4 5 2 4 5

3 1 5 3 1 5 3 1 5 3 1 5 5 3 1 4 3 1 3 1 5 2 7 5 1 3 5

2 4 5 2 4 5 2 4 5 1 3 5 1 3 5 1 3 5 5 3 1 5 3 1 3 1 5

5 3 1 5 3 1 5 3 1 1 5 3 1 5 3 1 6 3 1 5 3 1 5 3 1 3 1 5

1 5 3 7 3 1 6 3 1 5 3 1 4 3 1 3 1 5 2 4 7 1 2 4 7 2 4 1 - -

60

들장미

괴테 작사 / 베르너 작곡

들장미 소녀 캔디

윤석중 작사 / 마상원 작곡

050 등대지기

보통 빠르기로

따오기

한정동 작사 / 윤극영 작곡

Moderato

1 1 3 5 3 1 5 7 4 5 4 7 5 7 6 5 4 5 5 4 2 7 5 7 2

1 3 5 1 0 3 4 3 1 2 4 3 1

보 일 듯 이 보 일 듯 이
잡 힐 듯 이 잡 힐 듯 이

3 4 5 2 4 3. 3 0 2 5 1 3

보 이 지 않 — 는 따 옥 따 옥
잡 히 지 않 — 는 따 옥 따 옥

5 2 1 3 5 6 5 2 3 1 3 5 1 0

따 옥 소 리 처 량 한 소 — 리
따 옥 소 리 처 량 한 소 — 리

mf

1 1 7 7 6 3 5 5 6 1 7 3 5. 4 2 7

떠 나 가 면 가 는 곳 이 어 디 메 이 뇨
떠 나 가 면 가 는 곳 이 어 디 메 이 뇨

mp

6 6 2 2 5 5 1 1 2 3 5 2 3 1. 1 0

내 어 머 니 가 신 나 라 해 돋 는 나 — 라
내 아 버 지 가 신 나 라 해 돋 는 나 — 라

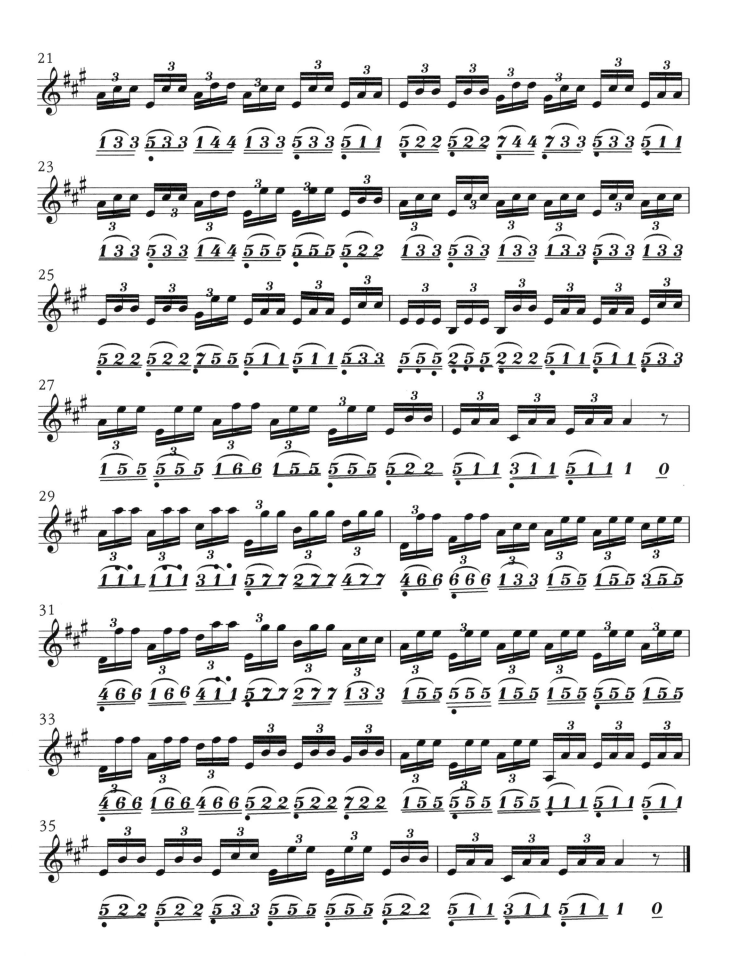

052 라라라

Moderato

3 1 3 1 3 5 5 - 4 2 2 - 1 3 1 -

3 1 3 1 3 5 5 - 4 2 2 -
라 라 라 라 리 리 리 노 래 를

3 1 1 - 3 1 3 1 3 5 5 -
부 르 자 라 라 라 라 로 로 로

4 2 2 - 1 3 1 - 4 - 6 -
노 래 를 부 르 자 아 어

5 - 3 - 4 2 2 - 1 3 5 -
오 우 입 모 양 바 르 게

4 - 6 - 5 - 3 - 4 2 2 - 1 3 1 -
으 이 애 에 노 래 를 부 르 자

라쿠카라차(바퀴벌레)

멕시코 민요

Moderato

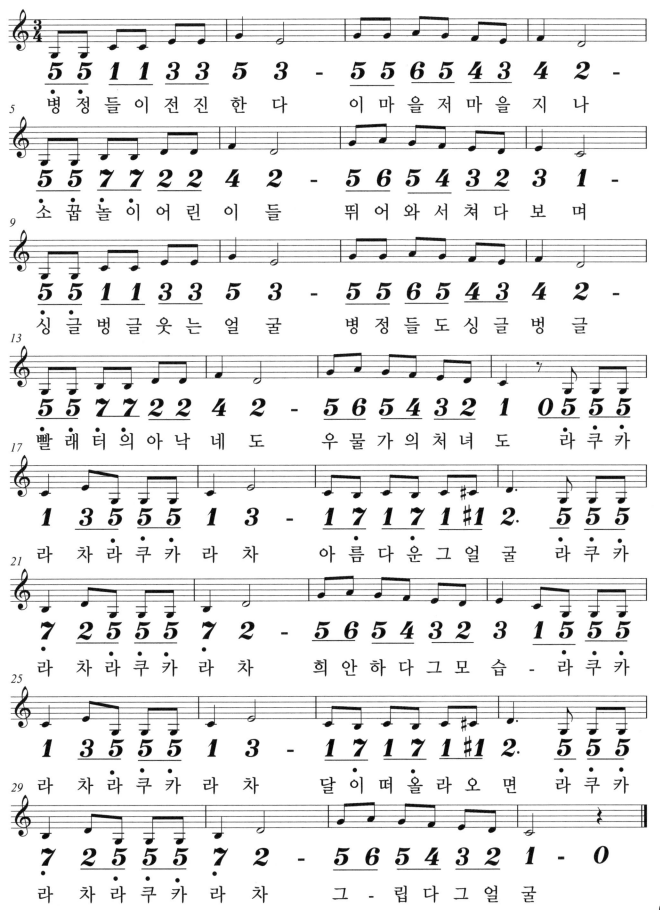

054 로렐라이

F. Silcher 작곡

루돌프 사슴코

J.Macgue 작곡

Go Go

마마 파퀴타(파퀴타 엄마)

염현진 역사 / 브라질 동요

귀여웁게

C | C | C

5 5 5 3 1 0 0 5 5 5 3 1 0
마 마 파 퀴 타 마 마 파 퀴 타

4 C | C | C

0 5 5 5 1. 7 6 5 6 5 4 3
마 마 파 퀴 타 는 파 파 야 살 돈

7 G⁷ | G | G⁷

4 2 0 0 5 5 5 4 2 0
없 어 파 파 야 못 사

10 G | G⁷ | G | G

0 5 5 5 4 2 0 0 5 5 5 2. 1 7 6
바 나 나 못 사 파 파 야 바 나 나 도

14 G | 1. C | G | 2. C

5 4 3 2 1 5 5 5 5 5 5 5 1
모 두 못 사 오 마 마 마 마 마 마 파 네

70

모두모두 자란다

김대현 작사 / 박재훈 작곡

Moderato

모래성

박홍근 작사 / 권길상 작곡

동심으로 돌아가서

5 5 6 5 3 4 5 1. 6 6 1 7 6 5. 5 0
모 래 성 이 차 - 레 로 허 물 어 - 지 면 - -

5 5 6 5 3 4 5 1. 2 3 4 3 2 1. 1 0
아 이 들 도 하 - 나 둘 집 으 로 - 가 고 - -

2 #1 2 5. 3 #2 3 1. 6 #5 6 1 7 6 5. 5 0
내 가 만 든 모 래 성 이 사 - 라 져 - 가 니

1 7 6 5. 6 5 4 3. 2 3 4 3 2. 5 1. 1 0
산 위 에 는 별 이 홀 로 반 - 짝 거 려 - 요 -

목장길 따라

외국곡

Polka

목장의 노래

석용원 작사 / 이수인 작곡

경쾌하게

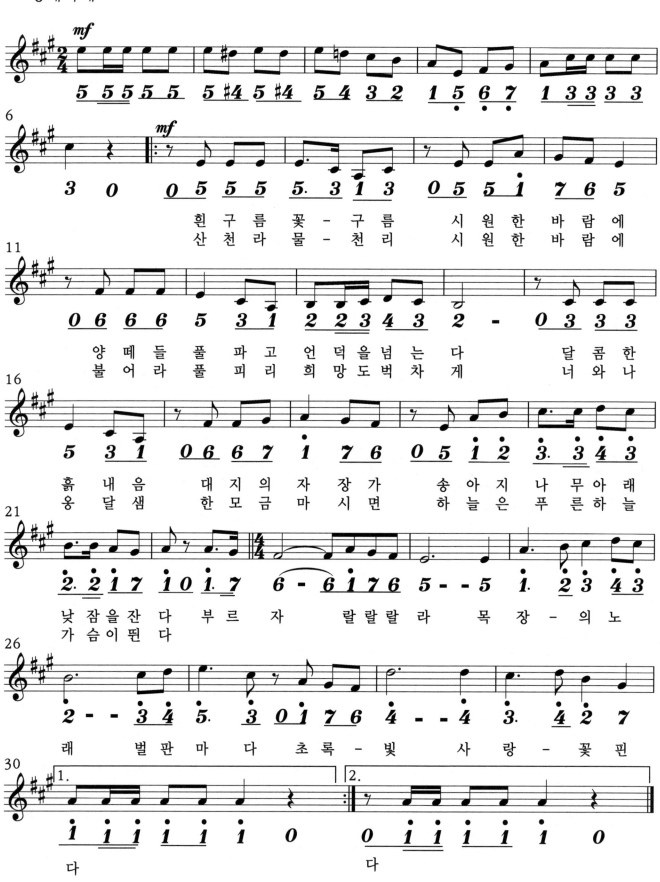

흰 구름 꽃 - 구름 시 원한 바람에
산 천리 물 - 천리 시 원한 바람에

양 떼들 풀 파고 언 덕을 넘 는 다 달 콤 한
불 어라 풀 피리 희 망도 벅 차 게 너 와 나

흙 내 음 대 지의 자 장 가 송 아 지 나 무아래
옹 달 샘 한 모 금 마 시 면 하 늘 은 푸 른 하 늘

낮 잠을 잔 다 부 르 자 랄 랄 랄 라 목 장 - 의 노
가 슴 이 뛴 다

래 벌 판마 다 초 록 - 빛 사 랑 - 꽃 핀

1.
다

2.
다

무궁화

김한배 작사 / 정세문 작곡

062 밀밭 사이로

경쾌하게

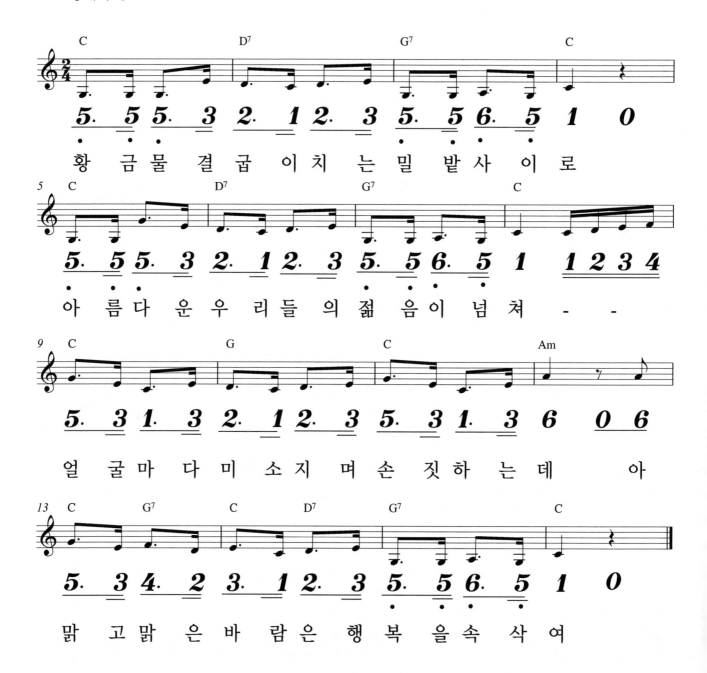

황금물결 굽이치는 밀밭사이로

아름다운 우리들의 젊음이 넘쳐 - -

얼굴마다 미소지며 손짓하는데 아

맑고맑은 바람은 행복을속삭여

063 바둑이 방울

김규환 작사 / 작곡

즐겁게

1 3 3 3 3 3 2 4 4 4 4 4
달 랑 달 랑 달 랑 달 랑 달 랑 달 랑

3 5 5 5 3 2 4 3 2 1 0
바 둑 이 방 울 잘 도 울 린 다

1 1 5 5 6 1 7 6 5 - -
학 교 길 에 마 중 나 와 서

1 1 5 5 6 1 7 6 5 4 3 2
반 갑 다 고 꼬 리 치 며 따 라 온 다

1 3 3 3 3 3 2 4 4 4 4 4
달 랑 달 랑 달 랑 달 랑 달 랑 달 랑

3 5 5 5 3 2 4 3 2 1 -
바 둑 이 방 울 잘 도 울 린 다

77

064 바람

이홍수 작사 / 셀리 작곡

065 반 달

윤극영 작사 / 작곡

방울 꽃

임교순 작사 / 이수인 작곡

어여쁘게

1 - 3 5 1.71 6 - 5 3 5.43 2 - - 0

아 무 도 오 지않 는 깊 은 산-속 에

1 - 3 5 1.71 6 - 5 3 4.32 1 - - 0

쪼 로 롱 방 울꽃 이 혼 자 폈-어 요

2. 2 2 3.4 5 - 3 - 6 1.76 ♯4 5 - - 0

산 새 들 몰래몰 래 꺾 어-갈 래 도

1 - 3 5 1.71 6 - 5 3 4.32 1 - - 0

쪼 로 롱 소 리날 까 그 냥 둡-니 다

방울새

김영일 작사 / 김성태 작곡

별

이병기 작사 / 이수인 작곡

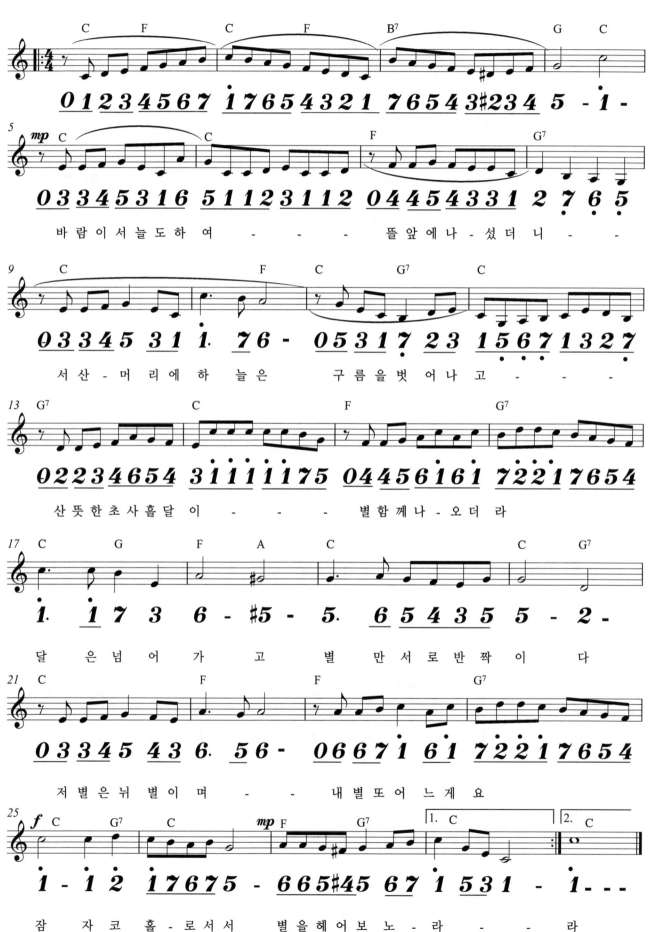

별나라

이진호 작사 / 장창환 작곡

070 별보며 달보며

유성윤 작사 / 유병무 작곡

아름답게

071

별빛 눈망울

이슬기 작사 / 러시아 민요

Moderato

Am 6 6 6 6 6 1 7 6   **E⁷** #5 #5 #5 #5

귀 뚤 귀 뚤 귀 뚜 라 미 귀 뚤 귀 뚤
찌 르 찌 르 풀 벌 레 들 찌 르 찌 르

4 #5 7 6 #5   **Am** 6 6 6 6   6 1 7 6

노 래 하 면 별 님 들 은 눈 빛 으 로
노 래 하 면 별 님 들 은 눈 빛 으 로

7 E⁷ #5 7 3 #5   **Am** 6 0   **C** 1 1 1 1

들 고 있 나 봐   이 슬 처 럼
들 고 있 나 봐   이 슬 처 럼

10 C 1 3 2 1   **G** 7 7 7 7   7 2 1 7

맑 고 맑 은 귀 뚜 라 미 노 래 들 고
곱 고 고 운 풀 벌 레 들 노 래 들 고

13 Am 6 6 6 6   6 1 7 6   **E⁷** #5 7 3 #5   **Am** 6 0

초 롱 초 롱 더 맑 아 진 별 빛 눈 망 울
초 롱 초 롱 더 고 와 진 별 빛 눈 망 울

072 봄 (김대현 곡)

Moderato

5. 6 1 2. 2. 1 2 3 6. 1 6 5. 3 5 2. 1 6 1 0

5 6 5 3 2 3 5 6 5 3 5. 1 6 1 3

봄 이 - 아 - 왔 나 - 봐 요 우 - 리 집
산 모 - 퉁 이 - 양 지 - 쪽 에 진 달 래 꽃

2. 1 6 5. 1 1 5 1 2. 1 6 5.

마 당 에 도 싸 리 문 을 열 고 보 니
피 었 어 요 서 쪽 하 늘 저 녁 놀 빛

Fine

1. 6. 5 3 2. 1 6 1 0 3 5 5 5.

범 나 비 가 한 - 마 리 범 나 비 를
진 달 래 꽃 피 었 어 요

6. 5 3 3. 2 3 3 3. 2. 1 6 6.

따 - 라 서 동 구 밖 을 나 - 와 서

D.C

2. 1 6 2. 1 6 2 2 3 2. 1 6 5. 1 6 2. 1 6 6 6 6 5.

논 - 밭 사 - 이 오 솔 - 길 - 로 아 장 아 장 - 걸 어 가 면

073 봄 (이성복 곡)

윤석중 작사 / 이성복 작곡

아름답게

074 봄 (장수철 곡)

장수철 작곡

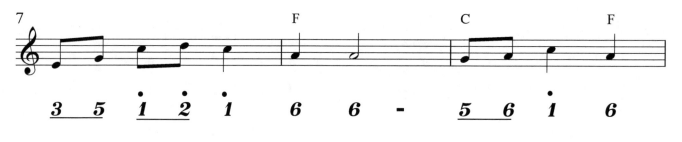

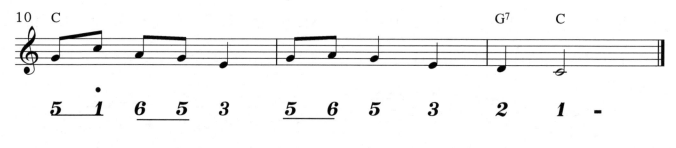

봄 오는 소리

김완기 작사 / 한용희 작곡

Moderato

땅 - 속 에 꽃 씨 가 잠 을 - 깨 나
꿈 - 꾸 던 나 무 가 깨 어 - 나 나

봐 들 - 마 다 언 덕 마 다 파 란
봐 뿌 - 리 로 물 을 긴 는 고 운

숨 결 소 - 리 - 에 포 - 시 시
맥 박 소 - 리 - 에 쏙 - 쏙 - 쏙

눈 을 뜨 - 는 예 - 쁜 - 꽃 망 울
고 개 드 - 는 밭 - 가 에 냉 이 들 산 을

넘 고 강 - 을 - 건 - 너 봄 오 - 는 - 소 - 리

봄동산 꽃동산

강소천 작사 / 이계석 작곡

봄맞이

박경종 작사 / 한용희 작곡

따뜻하게

봄맞이 가자

김태오 작사 / 박태현 작곡

경쾌하게

동 무 들 아 오 너 라 봄 맞 이 가
동 무 들 아 오 너 라 봄 맞 이 가

자 너 도 나 도 바 구 니
자 시 냇 가 에 앉 아 서

옆 에 끼 고 서 달 래 냉 이
다 리 도 쉬 고 버 들 피 리

씀 바 귀 나 물 캐 오 자
만 들 어 불 면 서 가 자

종 다 리 도 높 이 떠 노 래 부 르 네
꾀 꼬 리 도 산 에 서 노 래 부 르 네

079 봄바람

윤석중 작사 / 독일 민요

Moderato

1. 3 5 1 6 1 6 5 - 4 · 5 3 1 2 - 1 0
솔 솔부 는 봄바 - 람 쌓 인눈 녹이 고

5 5 4 4 3 5 3 2 - 5 5 4 4 3 5 3 2 -
잔 디밭 엔 새 싹 - 이 파 릇파 릇 나 고 - 요

1. 3 5 1 6 1 6 5 - 4 · 5 3 1 2 2 1 0
시 냇물은 졸 졸 - 졸 노 래하 며 흐 르 네

080 북치는 소년

오니카티 작곡

Moderato

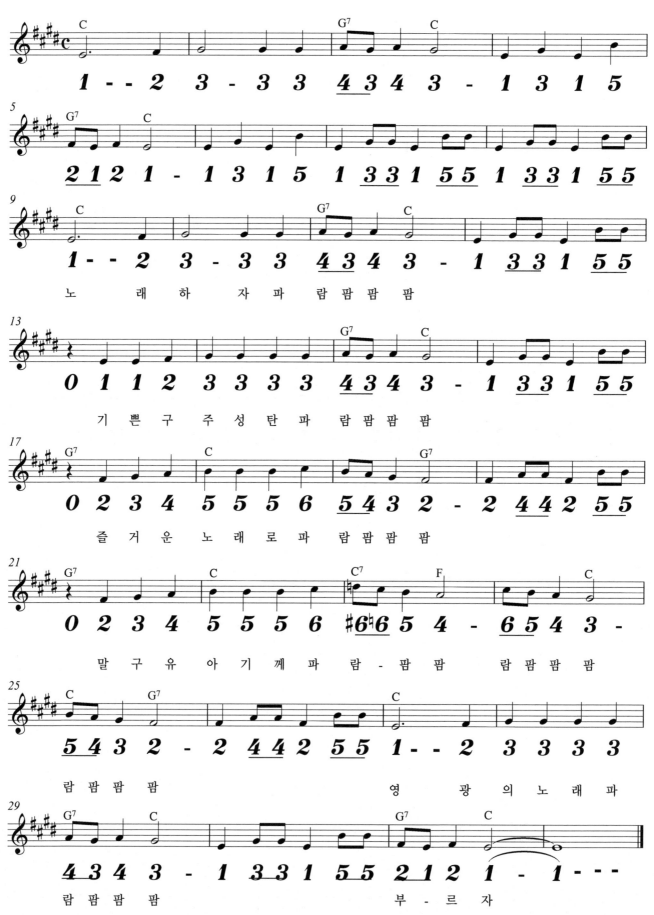

빨간망토 차차차

윤석중 작사 / 요나슨 작곡

경쾌하게

뻐꾸기

외국민요

Moderato

5 3 - 5 3 - 2 1 2 1 - -
뻐 꾹 뻐 꾹 봄 이 가 네

2 2 3 4 - 2 3 3 4 5 - 3
뻐 꾸 기 소 리 잘 가 란 인 사

5 - 3 5 - 3 4 3 2 1 - -
복 사 꽃 이 떨 어 지 네

083

뽀뽀뽀

이재휘 작사 / 작곡

경쾌하게

97

사과같은 내 얼굴

외국곡

아름답게

1 2 3 3   4 3 2 -   2 3 4 4
사 과 같 은   내 얼 굴   예 쁘 기 도

5 4 3 -   3 4 5 5   1 6 5 5
하 지 요   눈 도 반 짝   코 도 반 짝

1 2 3 3   2 1 -   1 2 3 3
입 도 반 짝   반 짝   사 과 같 은

4 3 2 -   2 3 4 4   5 4 3 -
내 얼 굴   예 쁘 기 도   하 지 요

3 4 5 5   1 6 5 5   1 2 3 3   2 1 -
눈 도 반 짝   코 도 반 짝   입 도 반 짝   반 짝

산 할아버지

김창훈 작사 / 작곡

Moderato

새싹들이다

좌승원 작사 / 작곡

087 생일 축하노래

P.스미스 힐 작사 / M. 제이 힐 작곡

Andante

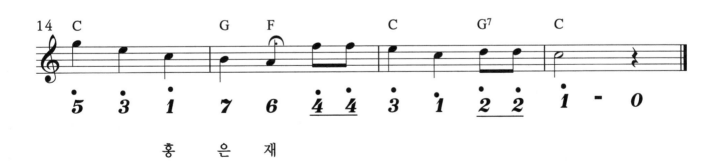

088 생일의 노래

이금희 작사 / 박상엽 작곡

축하하는 마음으로

089 섬마을

계훈복 작사 / 작곡

Moderato

5 3 1 7 6 3 5. 3. 5 3 1 2. 4 2 7 2. 3 2 6 1.

5 3 3 3. 3 2 3 2 1 1. 2 6. 5 1 1 1. 2 3 1
노 을 이 젖 어 드 는 둥 근 섬 마 을 금 물 결 파 도 위 에

2 2 2. 6 2. 3 5 5 5 3. 3 2 3 2 1 1. 2 6.
갈 매 기 날 고 노 을 실 은 고 깃 배 가 오 색 실 달 아

5 1 1. 2 3. 3 2 1 2. 2 2 6 1. 5 6 5 3.
뚜 뚜 뚜 와 고 동 소 리 크 게 울 린 다 에 헤 – 야

2 1 1. 2 6. 5. 6 1 2 3 5. 3 2. 2 2 6 2.
기 를 올 려 라 에 헤 – 에 헤 야 노 를 잡 아 라

5 6 5 3. 2 1 1. 2 6. 5. 6 1 2 3 5. 3 2. 3 2 6 1.
에 헤 – 야 돛 을 내 려 라 에 헤 – 에 헤 야 닻 을 매 어 라

섬집 아기

한인현 작사 / 이흥렬 작곡

뜻을 생각하며

엄 마 가 섬 그 늘 에 - - 굴 따 러 - 가 면 - -

아 기 가 혼 자 남 아 - - 집 을 보 - 다 가 -

바 다 가 불 러 주 는 - - 자 장 노 래 에 -

팔 배 고 스 르 르 르 - - 잠 이 듭 - 니 다 -

센과 치이로의 행방불명

히사이시조 작곡

Moderato

소풍

외국곡

즐겁게

3 3 3 2 3 4 5 5 3 - 4 4 4 5 4 3 2 2 5 -
랄 라 우리들의소 - 풍 랄 라 줄을맞추어 - 서

3 3 3 2 3 4 5 5 3 - 2 2 3 4 3 2 1 1 1 -
라 라 노래부르면 - 서 오 늘은즐 거운소풍날

6 6 1 6 1 6 5 - 3 - 4 4 4 5 4 3 2 - 5 -
들 을 지나산을넘 어 졸 졸 맑은시냇 가 에

6 6 1 6 1 6 5 - 3 - 2 2 3 4 3 2 1 1 1 -
라 라 노래부르면 서 오 늘은즐 거운소풍날

093 소풍

강소천 작사 / 강찬선 작곡

경쾌하게

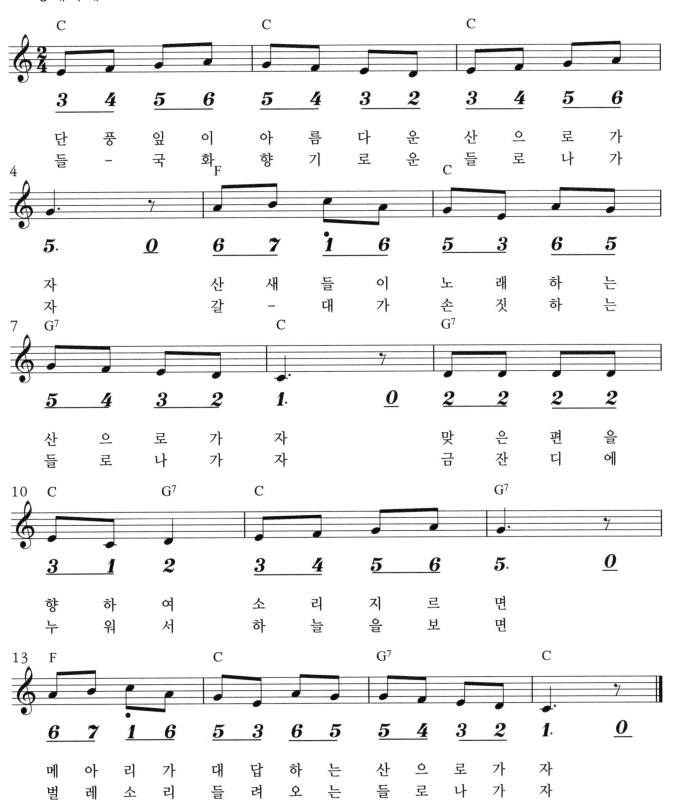

수건 돌리기

전유순 작사 / 이용수 작곡

숲 속을 걸어요

유종슬 작사 / 정연택 작곡

아름답게

| C | F | C | , | G⁷ | | C |

5 3 1 6 1 5 - - 7 1 2· 3 4 4 3 2 3 - - 0

숲 속 을 걸 어 요   산 새 들   이 속 삭 이 는 곳

5 C   F   C   ,   G⁷   C

5 3 1 6 1 5 - - 7 1 2· 3 4 4 3 2 1 - - 1 7

숲 속 을 걸 어 요   꽃 향 기 가 그 - 윽 한 길   햇 님

9 Am   F   C   Dm   G⁷

6· 6 6 1 4 4· 3 - 3 3 3 3 4 - 4 3 4♯4 5 - - 5 4

도 쉬 었 다 가 는 길 - 다 람 쥐 가   넘 나 드 는 길   정 다

13 C   Am   ,   G⁷   C

3 - - 3 2 1 - - 7 1 2· 3 4 4 4 3 2 1 - - 0

운   얼 굴 로   우 리 모 두 숲 속 을 걸 어 요

숲 속의 음악가

독일 민요

Moderato

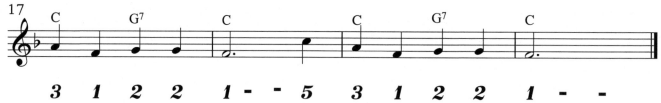

스승의 은혜

강소천 작사 / 권길상 작곡

스와니강

S.C. 포스트 작곡

Moderato

시냇물

이종구 작사 / 권길상 작곡

Moderato

3 4 3 2 3 1 6 5 6 1 3
냇 물 아 흘 러 흘 러 어 디 로 가

2 - 0 3 4 5 3 6 5 3 1
니 강 물 따 라 가 고 싶 어

2 3 5 6 1 - 0 3 4 3
강 으 로 간 다 강 물 아

2 3 1 6 5 6 1 3 2 - 0
흘 러 흘 러 어 디 로 가 니

3 4 5 3 6 5 3 1 2 3 5 6 1 - 0
넓 은 세 상 보 고 싶 어 바 다 로 간 다

실버 벨(Silver Bells)

Livingston, Ray Evans 작곡

아름다운 강

외국곡

아름답게

랄 라 우리들의소 - 풍 랄 라 손을잡고서 - 가

랄 라 노래부르면 - 서 오 늘은즐 거운 소 풍 날

들 을 지나산을 넘 - 어 졸 졸 맑은시냇가 - 에

랄 라 노래부르면 - 서 오 늘은즐 거운 소 풍 날

아빠 생각

김인경 작사 / 김숙경 작곡

그리움 가득히

3 5 5. 1 7 1 #1 2 7 5. 5 6 4 2 3 4 2 1. 3 1 5

봄

1 2 3. 6 5 1 3. 2 3 4 3 5

이 오 니 제 - 비 도 돌 - 아 왔 건

2. 7 1 2 3 1 1 6. 6 7 1 5.

만 멀 리 떠 난 우 리 아 빠

4 3 2 6 7. 1. 1 2 3 4 4 4 6 1

언 제 나 오 시 나 기 적 소 리 가

7 2 1 5 0 6 6 1 6 5 4 3 2. 7 6 5

울 릴 때 면 설 레 이 는 이 - 마 음

3 1 1. 7 2. 1 6. 5 1 3 2 3 4 2 1 3 5 1 0

아 - 아 우 리 아 빠 보 고 픈 우 - 리 아 빠

아침 해

김진식 작사 / 김석곤 작곡

흥겹게

앞으로

윤석중 작사 / 이수인 작곡

경쾌하게

애국가

안익태 작곡 / 도산 안창호 작사

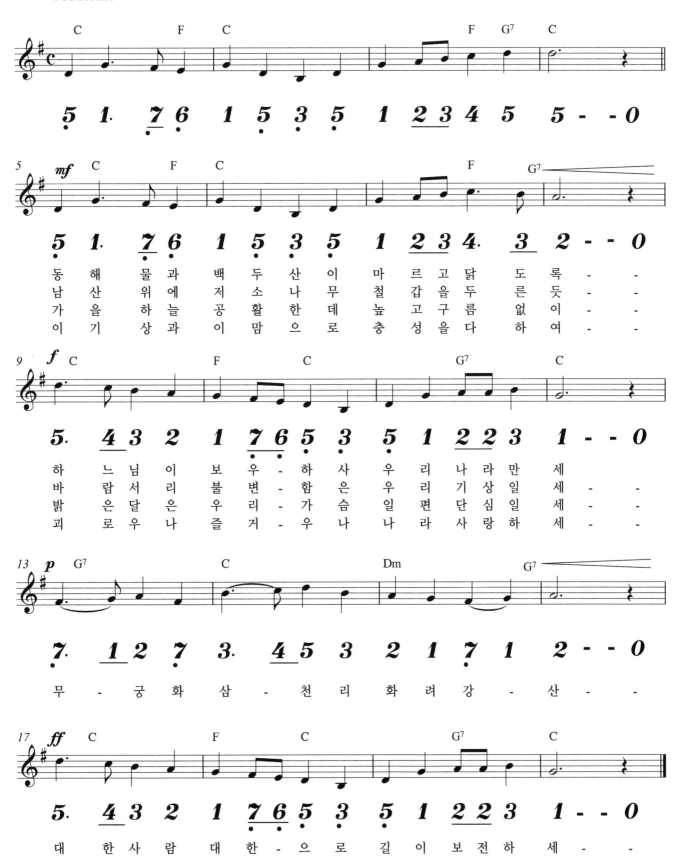

어린이 노래

강소천 작사 / 나운영 작곡

Andante

어린이 명절

김영일 작사 / 윤용하 작곡

경쾌하게

어린이 왈츠

원치호 작사 / 권길상 작곡

Waltz

꽃 과같이곱 - 게 나 비같이춤 추 며

아 름답게크 는 우 리 - - - - -

무 럭무럭자 라 서 이 동산을꾸 미 면

웃 음의꽃피 어 나 리 - -

어머님 은혜

윤춘병 작사 / 박재훈 작곡

뜻을 생각하며

C			G	C	F	C	G⁷	

3 4 5 1 1 7 6 5. 6 5 5 4 3 2. 2 0

높 고높 은 하늘이라 말 들하 - 지만 -

3 4 5 1 1 7 6 5. 6 5 4 3 2 1. 1 0

나 는나 는 높 - 은게 또 하나 - 있 지 -

2 2 5 4 3 2 1 2. 3 3 4 5 6 5. 5 0

낳 으시 고 기 르시 는 어 머님 - 은혜 -

1 1 7 6 5 6 5 3. 6 6 5 6 7 1. 1 0

푸 른하 늘 그 보다 더 높 은것 - 같 애 -

123

110 엄마야 누나야

김소월 작사 / 김광수 작곡

Andante

에델바이스(Edelweiss)

R. 로저스 작곡 / 유병우 역사

Waltz

| C | | G⁷ | C | | F |

3 - 5 2 - - 1 - 5 4 - -

에 델 바 이 스 에 델 바 이 스

C Am Dm G⁷

3 - 3 3 4 5 6 - - 5 - -

아 침 이 슬 에 젖 어

C G⁷ C F

3 - 5 2 - - 1 - 5 4 - -

귀 여 운 미 소 는

C G⁷ C C

3 - 5 5 6 7 1 - - 1 - -

나 를 반 기 어 주 네

G C C

2 0 0 5 0 7 6 5 3 - 5 1 - -

눈 처 럼 빛 나 는 순 결 은

F D⁷ G⁷ G⁷

6 - 1 2 - 1 7 - - 5 - -

우 리 들 의 자 랑

C C⁷ F Fm

3 - 5 2 - - 1 - 5 4 - -

에 델 바 이 스 에 델 바 이 스

C G⁷ C C

3 - 5 5 6 7 1 - - 1 - -

마 음 속 의 꽃 이 여

125

여수

J . P .Ordway 작곡

Moderato

5 3 5 1 - 6 1 1 5 - 5 1 2 3 2 1 2 - 5 4 3 2

깊 어가는 가 을밤에 낮 서른타 향 - 에

5 3 5 1. 7 6 1 5 - 5 2 3 4. 7 1 - - 0

외 로운맘 그 지없이 나 홀로서 러 워

6 1 1 1 - 7 6 7 1 - 6 7 1 6 6 5 3 1 2 - 5 4 3 2

그 리워라 나 살던곳 사 랑하는부 - 모형 제

5 3 1 1. 7 6 1 5 - 5 2 3 4. 7 1 - - 0

꿈 길에도 방 황하는 내 정던옛 고 향

5 3 5 1 - 6 1 1 5 - 5 1 2 3 2 1 2 - 5 4 3 2

깊 어가는 가 을밤에 낮 서른타 향 - 에

5 3 5 1. 7 6 1 5 - 5 2 3 4. 7 1 - - 0

외 로운맘 그 지없이 나 홀로서 러 워

오빠 생각

최순애 작사 / 박태준 작곡

그리운 마음으로

뜸 북 뜸 북 뜸 북 새 논 - 에 서 울 고

뻐 꾹 뻐 꾹 뻐 꾹 새 숲 에 서 - 울 제

우 리 오 빠 말 타 고 서 울 가 - 시 면

비 단 구 - 두 사 가 지 고 오 - 신 다 더 니 -

114 오솔길

정근 작사 / 나동순 작곡

옥수수 하모니카

윤석중 작사 / 홍난파 작곡

동심으로 돌아가서

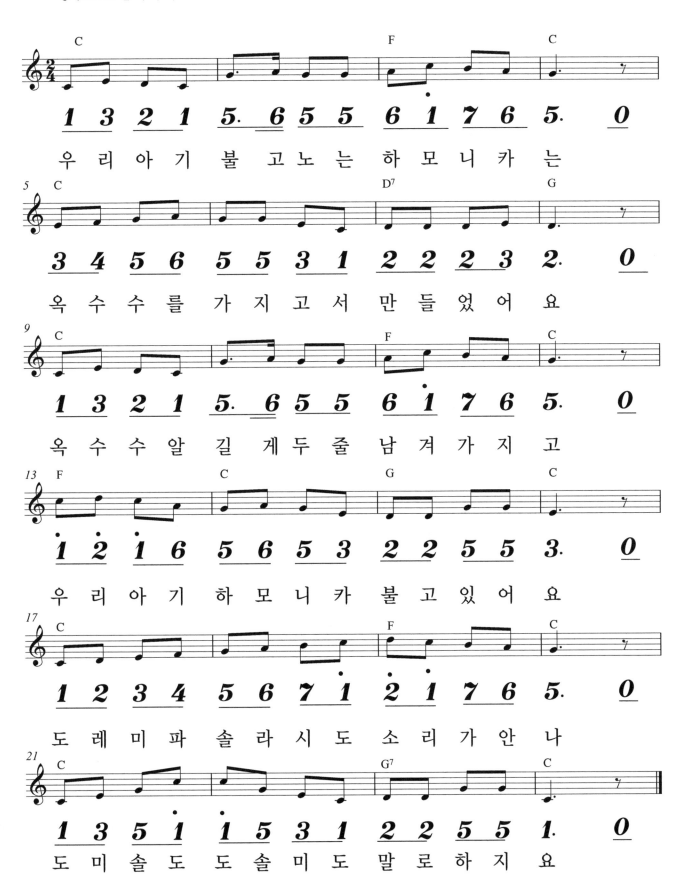

| 1 | 3 | 2 | 1 | 5. | 6 | 5 | 5 | 6 | 1 | 7 | 6 | 5. | 0 |

우 리 아 기 불 고 노 는 하 모 니 카 는

| 3 | 4 | 5 | 6 | 5 | 5 | 3 | 1 | 2 | 2 | 2 | 3 | 2. | 0 |

옥 수 수 를 가 지 고 서 만 들 었 어 요

| 1 | 3 | 2 | 1 | 5. | 6 | 5 | 5 | 6 | 1 | 7 | 6 | 5. | 0 |

옥 수 수 알 길 게 두 줄 남 겨 가 지 고

| 1 | 2 | 1 | 6 | 5 | 6 | 5 | 3 | 2 | 2 | 5 | 5 | 3. | 0 |

우 리 아 기 하 모 니 카 불 고 있 어 요

| 1 | 2 | 3 | 4 | 5 | 6 | 7 | 1 | 2 | 1 | 7 | 6 | 5. | 0 |

도 레 미 파 솔 라 시 도 소 리 가 안 나

| 1 | 3 | 5 | 1 | 1 | 5 | 3 | 1 | 2 | 2 | 5 | 5 | 1. | 0 |

도 미 솔 도 하 도 솔 미 도 말 로 하 지 요

116 옹달샘

윤석중 작사 / 외국 곡

Allegretto

깊 은 산 - 속 옹 달 샘 누 가 와 서 먹 나 요

맑 고 맑 - 은 옹 달 샘 누 가 와 서 먹 나 요

새 벽 에 토 끼 가 눈 비 비 고 일 어 나

세 수 하 - 러 왔 다 가 물 만 먹 고 가 지 요

117 우리 우리 어린이

이종택 작사 / 김대현 작곡

아름답게

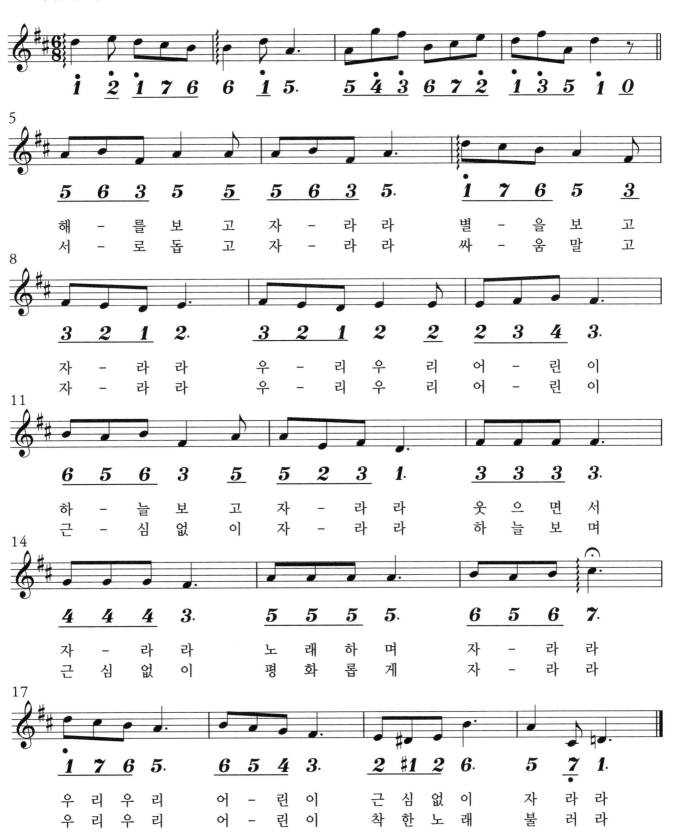

우리의 소원

안석주 작사 / 안병원 작곡

우산

윤석중 작사 / 이계석 작곡

Moderato

이슬비 내리는 이른아침에

우산셋이 나란히 걸어갑니다

빨간우산 까만우산 찢어진우산

좁다란 학교길에 우산-세개가

이마를 마주대고 걸어갑니다

이 몸이 새 라면

안병원 작사 / 라이하르트 작곡

조금 느리게

이슬

김동호 작사 / 작곡

Moderato

122

이슬 열매

김인숙 작사 / 송택동 작곡

Moderato

어 젯 - 밤 아 기 별 이 뿌 려 - 논 씨
앗 해 님 - 이 일 어 나 니
열 매 가 주 렁 주 렁 작 고 작 아 건 드 려 도
톡 톡 터 지 - 는 열 매
너 무 - 나 예 - 뻐 서 해 님 이 가 져 갔 나

자장가

작자미상 / E. 플리스 작곡 추정

Moderato

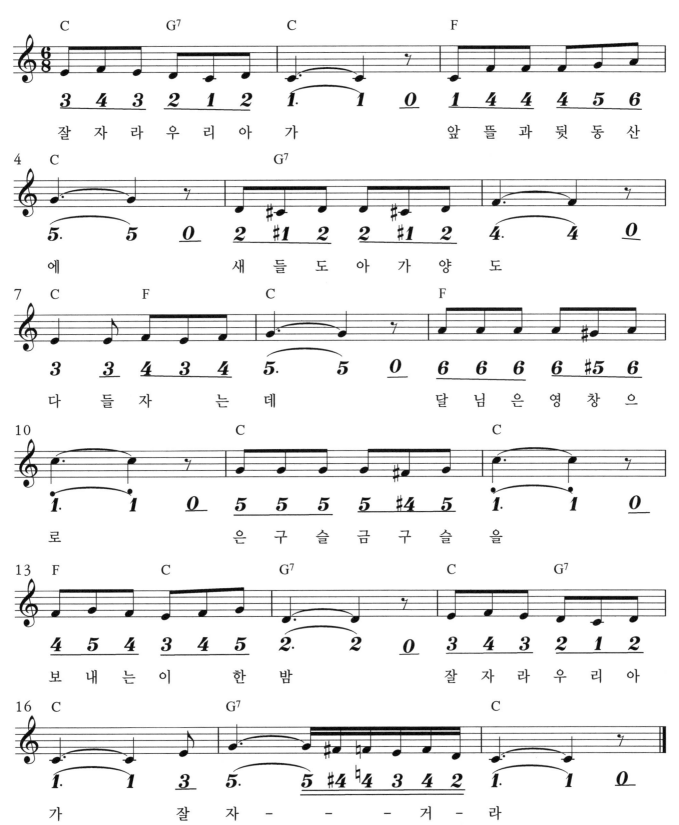

잘 자라 우리 아 가 앞 뜰 과 뒷 동 산 에 새 들 도 아 가 양 도 다 들 자 는 데 달 님 은 영 창 으 로 은 구 슬 금 구 슬 을 보 내 는 이 한 밤 잘 자 라 우 리 아 가 잘 자 - - - 거 - 라

작은별

Moderato

반 짝 반 짝 작 은 별

아 름 답 게 비 치 네

동 쪽 하 늘 에 서 도

서 쪽 하 늘 에 서 도

반 짝 반 짝 작 은 별

아 름 답 게 비 치 네

125

작은별(펄친곡)

Moderato

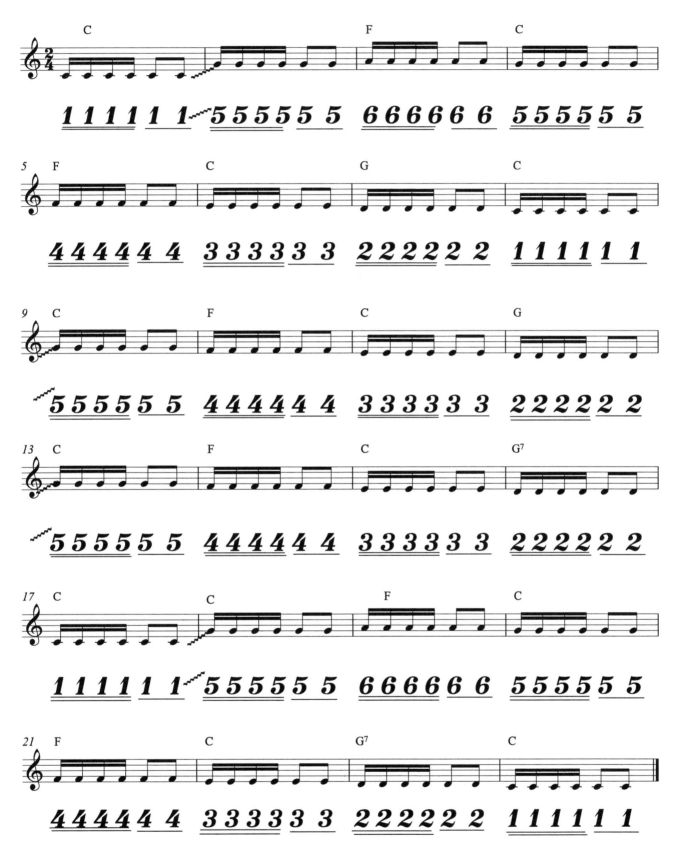

잠자리

백약란 작사 / 손대업 작곡

잠 자 리 날 아 다 니 다　장 다 리 꽃 에

앉 았 다　살 금 살 금

바 둑 이 가 잡 다 가 놓 쳐

버 렸 다 짖 다 가 날 려 버 렸 다

정든 그 노래

전석환 작사 / 작곡

경쾌하게

C   C   F   F

5 5 5. 4 3   5 - - -   6 6 6. 5 4   6 - - -

아 름 다 운 노 래   정 든 그 노 래 가

C   C   G7   C

5 5 5. 4 3   5 5 5. 4 3   2 - - -   5 - - 0

우 리 마 을 에 메 아 리 쳐 오 면 - - - - -

C   C   Am   F

5 5 5. 4 3   5 - - -   6 6 6. 5 4   6 - - -

어 둡 던 내 마 음   멀 리 사 라 지 고

C   G7   C   C

5 5 5. 4 3   5 5 4. 3 2   1 - - -   1 - - -

나 도 모 르 게 노 래 불 러 봐 요 - -

Fine

Am   C   G7   C

1 1 1. 7 6   1 - - -   5 5 5. 4 3   5 - - -

산 골 짜 기 마 다 - 들 려 오 는 소 리

Am   C   G7   G7

1 1 1. 7 6   1 - - -   5 5. 5 6. 5 4. 3 2   2 - - -

언 제 들 어 봐 도   정 답 고 즐 거 운 노 래

D.C

141

종달새의 하루

윤석중 작사 / 이은렬 작곡

예쁘게

하늘에서 - 굽어보 - 면 보리밭이좋 - 아보
밭 - 에서 - 쳐다보 - 면 저하늘이좋 - 아보

여 종달새가 - 쏜 - 살같이
여 다 - 시또 - 쏜 - 살같이

내 - 려 - 옵니다
솟 - 구 - 칩니다 비비배배

거 - 리 - 며 오르락 내리락

오르락 내리락 하 - 다 하루래가집니 다

주먹 쥐고

외국곡

보통 빠르게

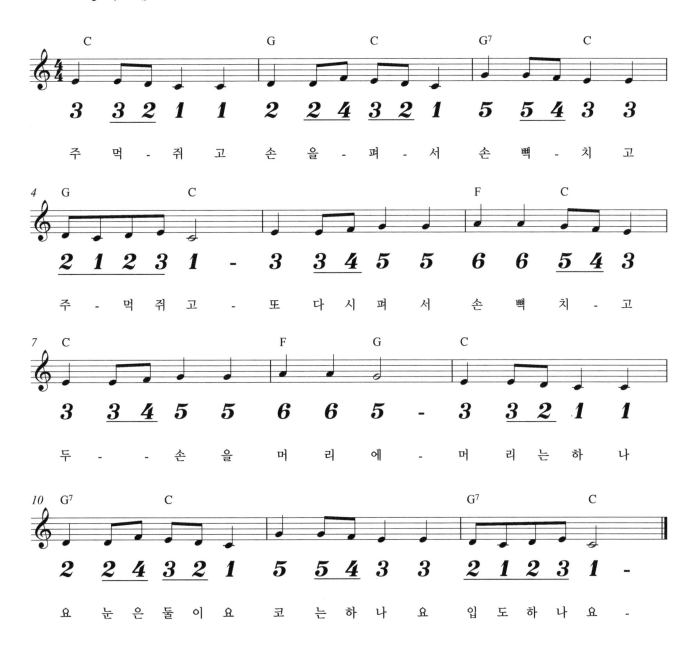

3 3 2 1 1 2 2 4 3 2 1 5 5 4 3 3
주 먹 - 쥐 고 손 을 - 펴 - 서 손 뼉 - 치 고

2 1 2 3 1 - 3 3 4 5 5 6 6 5 4 3
주 - 먹 쥐 고 - 또 다 시 펴 서 손 뼉 치 - 고

3 3 4 5 5 6 6 5 - 3 3 2 1 1
두 - - 손 을 머 리 에 - 머 리 는 하 나

2 2 4 3 2 1 5 5 4 3 3 2 1 2 3 1 -
요 눈 은 둘 이 요 코 는 하 나 요 입 도 하 나 요 -

130 즐거운 나의집

김재인 작사 / 비숍 작곡

즐거운 마음으로

즐거운 소풍길

이한숙 작사 / 김창수 작곡

즐겁게

진달래꽃

박화목 작사 / 박흥수 작곡

Moderato

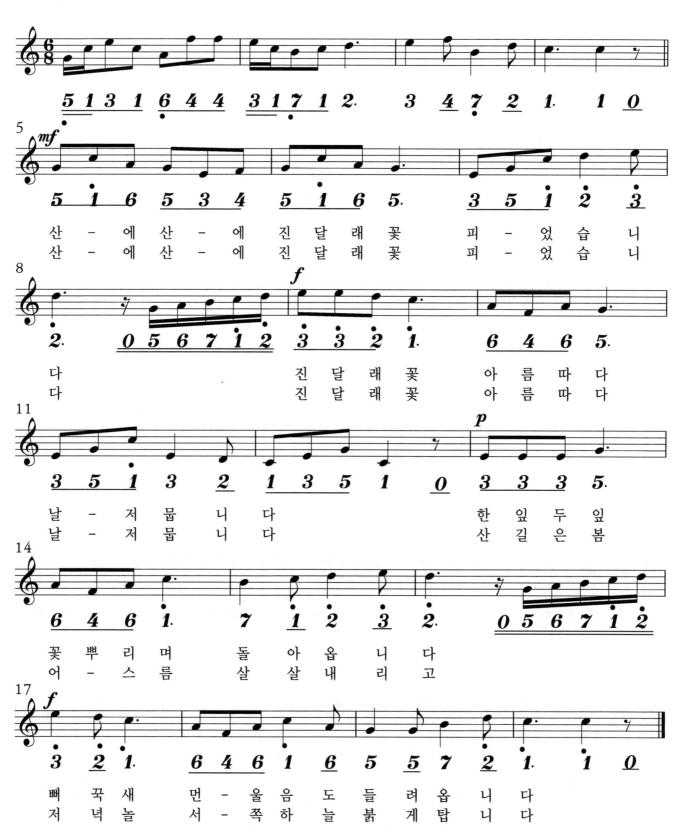

산 – 에 산 – 에 진 달 래 꽃 피 – 었 습 니
산 – 에 산 – 에 진 달 래 꽃 피 – 었 습 니

다 진 달 래 꽃 아 름 따 다
다 진 달 래 꽃 아 름 따 다

날 – 저 뭅 니 다 한 잎 두 잎
날 – 저 뭅 니 다 산 길 은 봄

꽃 뿌 리 며 돌 아 옵 니 다
어 – 스 름 살 살 내 리 고

뻐 꾹 새 먼 – 울 음 도 들 려 옵 니 다
저 녁 놀 서 – 쪽 하 늘 붉 게 탑 니 다

징글 벨(Jingle Bells)

J.Pierpont - 작곡

134 참새

정세문 작사 / 작곡자 미상

Moderato

창밖을 보라

T . 미첼 작곡 / 전석환 역사

Moderato

창 밖 을 보 라 창 밖 을 보 라 흰 눈 이 내 린 다

창 밖 을 보 라 창 밖 을 보 라 찬 겨 울 이 왔 다

썰 매 를 타 는 어 린 애 들 은 해 가 는 줄 도 모 르 고

눈 길 위 에 다 썰 매 를 깔 고 즐 겁 게 달 린 다

긴 긴 해 가 다 가 고 - 어 둠 이 오 면

오 색 빛 이 찬 란 한 - 거 리 거 리 의 성 탄 빛

추 운 겨 울 이 다 가 기 전 에 마 음 껏 즐 기 라

맑 고 흰 눈 이 새 봄 빛 속 에 사 라 지 기 전 에

체키 모레나(모레나야 춤을 춰 보자)

푸에르토리코 민요

137 초록 바다

박경종 작사 / 이계석 작곡

사랑스럽게

055554 3 - 1 - 04444 32 3 - - 0
초록빛바닷물에 두손을담그 - 면

055554 3 - 6 - 05555 7 1 - - 0
초록빛바닷물에 두손을담그 면

3 4 5 4 3 4 2 3 4 3 2 3 0
파 아 란 하 늘 빛 물 - 이 들 지 요

3 4 5 4 3 4 2 3 4 3 2 1
어 여 쁜 초 록 빛 손 - 이 되 지 요

1 3 5 5 4 3 4 - - 1 3 2 4 3 2 3 - -
초록빛여울물에 두 - 발을 담그면

3 4 5 4 3 4 2 3 4 3 2 3
물 결 이 살 - 랑 어 루 만 져 - 요

3 4 5 4 3 4 2 3 4 - 5 1 - - 0
물 결 이 살 - 랑 어 루 만 져 요

138 축하합니다

이종철 작곡

뜻을 새기며

축 하 합 니 다 당 신 의 영 광 스 런 축 일
축 하 합 니 다 당 신 의 찬 란 하 온 이 날

을 진 심 으 로 이 기 쁨 축 하 드 립 니
을 뜨 거 운 맘 다 하 여 축 하 드 립 니

다 하 느 님 의 사 랑 이 당 신 안 에 머 물
다 우 리 들 의 우 정 이 사 랑 안 에 피 어

고 또 한 당 신 사 랑 이 - 그 안 에 있
나 한 알 작 은 열 매 로 - 영 글 어 지

기 에 우 리 들 은 이 - 기 - 쁨 노 래 하
기 에 오 - 늘 의 이 - 뜻 - 을 맘 에 접

며 이 기 쁨 당 신 께 드 리 옵 나 이 다
어 오 로 지 당 신 께 드 리 옵 나 이 다

152

춤추는 갈매기

정근 작사 / 이수인 작곡

Moderato

코끼리 아저씨

변규만 작사 / 작곡

경쾌하게

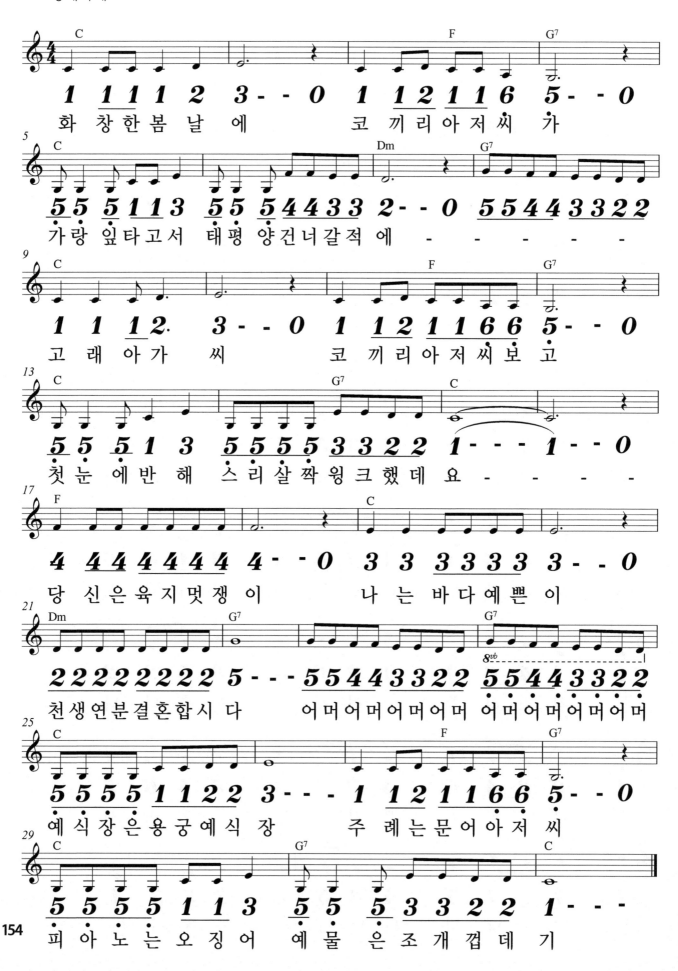

141 콜로라도의 달

미국민요

142

콜로라도의 달(꾸며진 곡)

미국민요

Moderato

156

클레멘타인

박영수 역사 / 미국 민요

Moderato

넓 고 넓 은 바 닷 가 에 오 막 살 이 집 한

채 고 기 잡 는 아 버 지 와 철 모 르 는 딸 있

네 내 사 랑 아 내 사 랑 아 나 의 사 랑 클 레 멘

타 인 늙 은 아 비 혼 자 두 고 영 영 어 디 갔 느 냐

144 파란마음 하얀마음

158

145 팡파르

축제 분위기로

1 1. 1 3 5. 5 1 - - - 1 1. 1 3 5. 5

1 - - - 1 1. 1 3 5. 5 1 - - 1 2 3 4 5 - - 1 2 3 4

5 - - 1 2 3 4 5 5. 5 3 3. 3 1 3. 1 5 -

2 2 2. 4 3 2 3 3 3. 5 4 3 2. 3 4 2 1 7 1 1. 1 1 0

팽이치기

리챠드 샤버그 작곡

경쾌하게

채 를 감 아 던 - 지 면 꼿 꼿 하 게

서 서 뱅 글 뱅 글 뱅 글 뱅 글

잘 도 도 는 팽 이 팽 이 하 고

나 하 고 한 나 절 을 놀 고

팽 이 따 라 뱅 글 뱅 글 나 도 돌 며 놀 고

푸른잔디

강소천 사 / 나운영 작곡

Moderato

풀 냄새 피어 나 는 잔 디 에 누
우 리 들 노 랫소리 하 늘 에 퍼

워 새 파 란 하 늘 과
져 흰 구 름 두 둥 실

흰 구 름 보 면 가 슴 이
흘 러 가 면 은 모 두 다

저 절 로 부 풀 어 올 라
일 어 나 손 을 흔 들 며

즐 거 워 즐 거 워 노 래 부 른 다

하늘나라 동화

리챠드. 샥버그 / 작곡

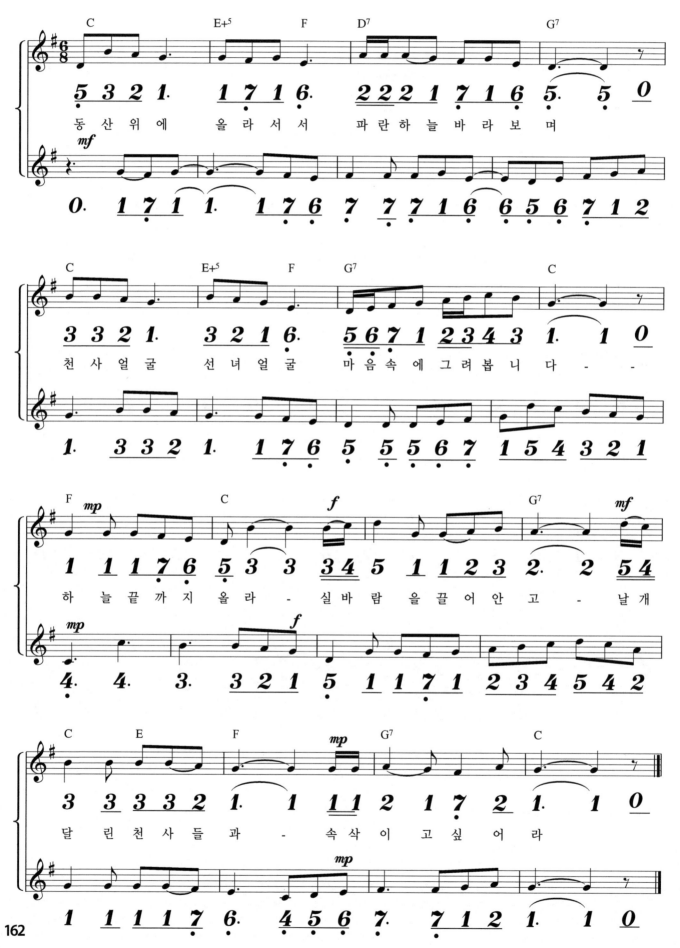

149 학교종

미국민요

Moderato

C	F	C		G⁷
5 5 6 6	5 5 3 -	5 5 3 3	2 - - -	
학 교 종 이	땡 땡 땡	어 서 모 이 자		

5
C	F	C	G⁷	C
5 5 6 6	5 5 3 -	5 3 2 3	1 - - -	
선 생 님 이	우 리 를	기 다 리 신 다		

할아버지 시계

외국곡

보통 빠르게

5 1 7 1 2 1 2 3 3 4 3 6 2 2 1 1 1 7 6 7

길 고 커 다 란 마 루 위 - 시 계 는 우 리 할 아 버 지 시 -

1 - - 5 5 1 7 1 2 1 2 3 4 3 6 2 2

계   9 0 년 전 에 할 아 버 지 태 어 나 던 날 아 침

1 1 1 7 6 7 1 - - 1 3 5 3 2 1 7 1

에 받 은 시 계 란 다   언 제 나 정 답 게 흔 들

2 1 7 6 5 1 3 5 3 2 1 7 1 2 - - 0 5

어 주 던 시 계 할 아 버 지 의 옛 날 시 계   이

1 1 0 2 - 3 3 4 3 6 2 2 1 - 7 - 1 - -

젠 - 더 가 지 를 않 네 할 아 버 지 시 계

할아버지의 낡은 시계

워크 작곡

함박눈

유호 작사 / 한용희 작곡

Moderato

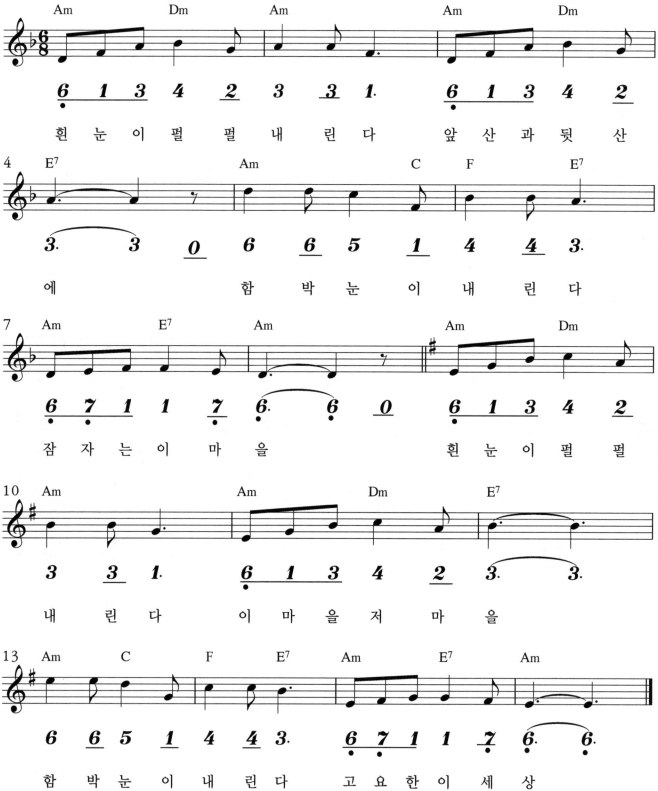

흰 눈이 펄 펄 내 린 다 앞 산 과 뒷 산

에   함 박 눈 이 내 린 다

잠 자 는 이 마 을   흰 눈 이 펄 펄

내 린 다 이 마 을 저 마 을

함 박 눈 이 내 린 다 고 요 한 이 세 상

허수아비 아저씨

윤석중 작사 / 한용희 작곡

재미있게

1 2 3 4 5 5 6 6 5 - 6 1 7 6 5 4 3 2 1 0

하루종일우 뚝 서 있 는 성 난 허 수 아 비 아 저 씨

1 1 1 1 5 0 1 1 1 1 5 0 1 7 6 5 4 3 5 2 -

짹 짹 짹 짹 짹 아 이 무 서 워 새 들 이 달 아 납 니 다

1 2 3 4 5 5 6 6 5 - 6 1 7 6 5 4 3 2 1 -

하 루 종 일 우 뚝 서 있 는 성 난 허 수 아 비 아 저 씨

화가

이강산 작사 / 작곡

화음 삼형제

이강산 작사 / 작곡

즐거운 마음으로

우 리 모 두 다 - 같 이 화 음 공 부 해 보 자

도 미 솔 미 도 미 솔 솔 솔

너 도 나 도 소 리 맞 춰 화 음 노 래 부 르 자

도 파 라 파 도 파 라 라 라

우 리 들 은 삼 화 음 을 제 일 좋 아 하 지 요

시 레 솔 레 시 레 솔 솔 솔

화 음 화 음 사 이 좋 은 화 음 삼 형 제

환희의 송가

이계석 작사 / 작곡

약간 빠르게

3 3 4 5 5 4 3 2 1 1 2 3 3. 2 2 0
영 화 로 운 조 물 주 의 오 묘 하 신 솜 씨 를

3 3 4 5 5 4 3 2 1 1 2 3 2. 1 1 0
우 리 들 의 무 딘 말 로 기 릴 줄 이 없 어 라

2 2 3 1 2 3 4 3 1 2 3 4 3 2 1 2 5 3
봄 비 맞 아 움 터-나 는 나 무-잎 을 보 아 도 햇

3 3 4 5 5 4 3 2 1 1 2 3 2. 1 1 0
볕 안 고 피 어 나 는 봉 오 리 를 보 아 도

흥부와 놀부

작사 미상 / E. 플리스 작곡으로 추정

Moderato

옛 날 옛 날 한 옛 날 에 흥 부 놀 부 살 았 다 네

맘 씨 고 운 흥 부 는 제 비 다 리 고 쳐 주 고
심 술 은 놀 부 는 제 비 다 리 다 쳐 놓 고

박 씨 하 나 얻 어 서 울 밑 에 심 었 더 니

주 렁 주 렁 열 렸 대 복 바 가 지 가 열 렸 대
헛 바 가 지 가 열 렸 대

톱 질 하 세 톱 질 라 세 슬 근 슬 근 톱 질 하 세

하 나 켜 면 금 나 오 고 둘 을 켜 면 은 나 오 고
셋 을 켜 도 금 은 없 고 넷 을 켜 도 은 은 없 고

158 흰구름

지명길 작사 / 김용연 작곡

Moderato

Harmonica Masterpiece Series vol.06
Children's Songs Repertoire

하모니카
명곡집 ⑥
동요 편

초판 발행일 2024년 11월 20일

편저 정옥선
사보 정옥선
발행인 최우진
편집·디자인 편집부

발행처 그래서음악(somusic)
출판등록 2020년 6월 11일 제 2020-000060호
주소 (본사) 경기도 성남시 분당구 정자일로 177
　　　(연구소) 서울시 서초구 방배4동 1426
전화 031-623-5231 팩스 031-990-6970
이메일 book@somusic.co.kr

ISBN 979-11-93978-36-8 14670
　　　979-11-93978-39-9 14670(세트)